Michael Gerbavsits | Beate Pauer-Zinggl | Georg Pehm (Hrsg.)

Helfen. Fördern. Danken.

Die Burgenlandstiftung – Theodor Kery
Geschichte(n) einer Erfolgsgeschichte

edition lex liszt 12

Erste Auflage, April 2016

Raingasse 9b, A-7400 Oberwart, Austria
Tel.: +43(0)3352/33940, Fax: +43(0)3352/34685
info@lexliszt12.at, www.lexliszt12.at
ISBN: 978-3-99016-111-1

Verlagsleitung: Horst Horvath
Herausgeber: Michael Gerbavsits, Beate Pauer-Zinggl, Georg Pehm
Lektorat: Christine Heindl, Silke Rois

Coverbild: Hans Wetzelsdorfer
Fotos: alle Hans Wetzelsdorfer; mit Ausnahme von: Verein Freunde der BF (S. 11), Photo Simonis (S. 14), Amt der Burgenländischen Landesregierung (S. 16), Johannes Zinner (S. 18), Steve Haider (S. 22), Burgenländisches Landesarchiv, BF-Fotosammlung (S. 29, 35–37, 43), Burgenlandstiftung – Theodor Kery/ Stefan Millesich (S. 45), Ian Ehm (S. 55), Christina Hofstädter (S. 62), Julia Grandegger (S. 85), BVZ (S. 88), Vera Sebauer (S. 92), David Stifter (S. 93), Gerhard Kisser (S. 99), Georg Dujmovits Photography (S. 131), privat (S. 136), Kurier, Jeff Mangione (S. 140), Georg Pehm (S. 163)

Layout, Grafik, Satz: Markus Liebentritt
Druck: Liebenprint Grafik Repro Druck GmbH, 7053 Hornstein

BURGENLAND STIFTUNG THEODOR KERY

BURGENLAND

KULTUR BURGENLAND

Michael Gerbavsits | Beate Pauer-Zinggl | Georg Pehm (Hrsg.)

Helfen. Fördern. Danken.

Die Burgenlandstiftung – Theodor Kery

Geschichte(n) einer Erfolgsgeschichte

edition lex liszt 12

Für alle, die sich selbstlos engagieren

INHALT

Vorwort 10

Die Politik 13

Heinz Fischer
Ein faszinierender Aufstieg 14

Hans Niessl
Burgenland. Ein Erfolgsland 16

Josef Ostermayer
Miteinander, Toleranz und Respekt 18

Die Stiftung 21

Michael Gerbavsits
Die Stiftung als Initiatorin und Förderin großartiger Leistungen 22

Thomas Lehner
Ein entschlossenes Land, mit steigendem Selbstvertrauen 24

Die Zeit 27

Walter Feymann
Kery: Politiker, Pädagoge, prägende Persönlichkeit 28

Wolfgang Kery
Mein Vater 42

Beate Pauer-Zinggl
Eugen Horvath – Pionier und Macher 44

Beate Pauer-Zinggl, Karin Perner
Daten. Fakten. Ergebnisse 48

Mitglieder von Kuratorium und Beirat
der Burgenlandstiftung – Theodor Kery 50

Wirkungen. Erwartungen ... 53

Georg Pehm
Ein aufgestiegenes Land. Mit Zukunft ... 54

Roland Fürst, Manuela Brandstetter, Sabrina Luimpöck, Judith Mantl, Christian Pfeiffer, Marlies Wallner
Zukunft, Zweifel, Zuversicht. Jugendliche Perspektiven ... 62

Preisträgerinnen und Preisträger ... 73

Henrike Mörz-Dorner über Birgit Sauer
Freiheit. Für alles. Über alles ... 74

Eva Maltrovsky über Ulrike Truger
Die Widerständige ... 80

Wolfgang Millendorfer über garish
garish und die Liebe ... 84

Markus Stefanitsch über die Cselley Mühle
Denn sie wissen nicht, was sie tun. Gut so ... 88

Wolfgang Weisgram über David Stifter
Auf den Spuren der alten Iren ... 92

Christine Marold über Gerhard Kisser
Ein Glücksfall für das Burgenland ... 96

Walter Schneeberger über Wolfgang Murnberger
Regisseur mit Seele und Genauigkeit ... 100

Silvia Freudensprung-Schöll über Jutta Treiber
Grande Dame der burgenländischen Literaturszene ... 108

Patricia Spieß über Hannes Mikula
„Bei den Chemikern ist auch Musik dabei ...“ ... 112

Marlene Anger über Karl Mach
Ein Arzt, die Gesellschaft und ihre Gesundheit 116

Christian Uchann über Bruno Wögerer
Mit der Kraft der Menschlichkeit 120

Hannelore Halwax über Doris Spalek
„Man wird zufriedener mit dem, was man hat“ 126

Raphaela Reinfeld-Spadt über Julia Dujmovits
Am Ende liegt alles an einem selbst 130

Karl Grammer über Georg Tischler
Barrieren gibt es nur im Kopf! 136

Thomas Orovits über Rudolf Luipersbeck
Der Diamant drunt im Burgenland 140

Preisträgerinnen und Preisträger 1976–2016
Menschen vor den Vorhang 146

Autorinnen und Autoren 159

Vorwort

Wer nicht weiß, woher er kommt, weiß auch nicht, wohin er geht. – Was für Einzelne gilt, hat ebenso für Organisationen und Initiativen besondere Bedeutung. Auch für die Burgenlandstiftung – Theodor Kery. Sie versteht sich, über die rechtliche Konstruktion hinaus, als „Sinn-Stiftung". Indem sie hilft, fördert, dankt.

Mit diesem Band zum 40-jährigen Bestehen, besser: zur 40-jährigen erfolgreichen Bewegungs- und Gestaltungsgeschichte, möchte die Burgenlandstiftung – Theodor Kery diese beiden wesentlichen Aspekte besonders beleuchten: Was stand am Beginn der Stiftung, woher kommen wir? Wohin gehen wir, was sind die Herausforderungen der nächsten Jahre?

Es freut uns sehr, dass uns bei diesem Nachdenkprozess viele Menschen begleiten.

So bedanken wir uns zunächst bei Verantwortungsträgern der ersten Reihe für ihr Mitwirken – bei Herrn Bundespräsidenten Dr. Heinz Fischer, bei Kulturminister Dr. Josef Ostermayer und bei Landeshauptmann Hans Niessl. Wir geben die in diesem Band ausgedrückte Anerkennung durch die Politik dafür, was die Burgenlandstiftung – Theodor Kery leistet und leisten konnte, gerne an alle Verantwortlichen im Kuratorium und im wissenschaftlichen Beirat weiter.

Wir danken insbesondere aber den Preisträgerinnen und Preisträgern. Allen! Sie haben bewegt, das Land weitergebracht, Menschen begeistert, unsere Gesellschaft klüger und das Leben lebenswerter gemacht! Jede Einzelne und jeder Einzelne von ihnen hätte breite Aufmerksamkeit und einen ausführlichen Beitrag in dieser Festschrift verdient. Möglich ist dies jedoch hier für 15 Persönlichkeiten aus der Reihe der Ausgezeichneten, die mit ihrer individuellen Geschichte für die Idee der Burgenlandstiftung – Theodor Kery stehen und „den Sinn" vermitteln können. Sie werden im Folgenden genauer vorgestellt.

Wir bedanken uns weiter bei all jenen, die durch ihre Mitarbeit konkret zu diesem Band beigetragen haben: vor allem bei Karin Perner, die seit Jahren und hinter den Kulissen die Burgenlandstiftung – Theodor Kery organisatorisch betreut und umsichtig dafür sorgt, dass die Stiftung ihre Aufgaben gut erfüllen kann.

Ebenfalls seit Jahren bringt Hans Wetzelsdorfer die Preisträgerinnen und Preisträger der Stiftung ausdrucksstark ins Bild – das hat er dankenswerterweise auch für diesen Band getan. Unterstützung erhielten wir auch von weiteren Fotografen, insbesondere aber von der Fotosammlung des Burgenländischen Landesarchivs. Wir danken Horst Horvath und dem Verlag edition lex liszt 12 für die Kooperation, Christine Heindl und Silke Rois für das umsichtige Lektorat und Markus Liebentritt für das ansprechende Layout sowie für Bildbearbeitung, Grafik und Satz. Und wir danken der Druckerei Liebenprint in Hornstein und ihrer Buchbinderei.

Wir danken in besonderer Weise allen, die – einmal mehr ohne Honorar oder irgendeinen Kostenersatz – an diesem Projekt als Autorinnen und Autoren mitgewirkt und Beiträge verfasst haben. Ohne ihre Leistung, ihre Energie und ihre eingesetzte (Frei-)Zeit wäre der Band nicht möglich gewesen.

Und wir bedanken uns bei Ihnen, geschätzte Leserinnen und Leser! Für Ihr Interesse an der Burgenlandstiftung – Theodor Kery, deren Projekten und ihrer Entwicklung. Sie geben der Stiftung damit auch jenes Feedback, das gleichzeitig Motor für viel Sinngebendes in der Zukunft sein wird!

Michael Gerbavsits | Beate Pauer-Zinggl | Georg Pehm
Herausgeber

Seite 2 Mittwoch, 30. Juni 1976 Politik

Politik Mittwoch, 30. Juni 1976 BF Seite 3

-Wochenspiegel

Sicherung von 1800 …itsplätzen

… Textilindustrie, die sonst …ngslos verloren gewesen … hat der Bund direkt oder …t 50.000 Schilling pro Ar…latz bereitgestellt, erklärte …skanzler Dr. Kreisky vor …arbeitergewerkschaftern. In …eit, in der es in der Welt …llionen Arbeitslose gegeben …nnten in Österreich durch …olitik der Bundesregierung …stens 100.000 Arbeitsplätze …t werden. Gleichzeitig habe …ie Regierung um die Durch…g von Strukturreformen be-

Konsument muß für …pfel

… immer 7.50 bis 9 Schilling …Kilo bezahlen, obwohl der …smarkt ausreichend mit …ein versorgt ist und die Pro…tenpreise auf 2.50 Schilling …Kilogramm gesunken sind. …nzelhandel nutzte die rasche …ng der Erzeugerpreise dazu …um seine Gewinne bis zu …rozent zu steigern. Der Ar…kammertag forderte deshalb …er Vorwoche eine rasche …ng der Verbraucherpreise, … die Konsumenten in den … der sinkenden Erzeuger…kommen.

Entwurf für ein neues …eiprogramm der SPÖ,

…den erste Vorarbeiten im … sind, soll auf breitester … in den Organisationen der … diskutiert und erst dann …inem Parteitag beschlossen …n, erklärte SP-Vorsitzender …skanzler Dr. Kreisky. Bei …arbeitung eines neuen Pro…s beschreite die SPÖ einen … Weg. Sie lasse sich von …ragenden Wissenschaftern … In- und Auslandes die …den gesellschaftspolitischen …me darlegen.

… sozialpolitische …ge

… jetzt, da eine Besserung …rtschaftlichen Lage sichtbar … zu erzielen, kündigte So…nister Ing. Häuser vor dem …kschaftstag der Textil-, Be…ngs- und Lederarbeiter an. …ie im Sozialausschuß des …alrates bereits beschlos… Einführung des vierwöchi… Mindesturlaubes müsse in …barer Zeit der Fünfwochen…sturlaub für alle folgen.

… Lehrer als je zuvor

…ichten gegenwärtig an …eichs Schulen. Wie Unter…minister Dr. Sinowatz mit… konnte innerhalb der letzten … Jahre die Zahl der Lehrer …twa 45.000 im Jahr 1965 auf rund 75.000 im laufenden Schuljahr erhöht werden. Allein seit der Abwahl der ÖVP-Regierung im Jahr 1970 wurden rund 20.000 Lehrer neu eingestellt. Dadurch konnte der drückende Lehrermangel, dem die ÖVP jahrzehntelang fast hilflos gegenüberstand, weitestgehend abgebaut werden. Dennoch sei auch in Zukunft mit keinem Aufnahmestop für Lehrer zu rechnen.

Eine rasche Grenzabfertigung

werden die Zollbeamten an den österreichischen Grenzen durch eine möglichst großzügige und unbürokratische Kontrolle sichern und damit den Reiseverkehr erleichtern, erklärte Finanzminister Dr. Androsch. Er habe die Zollabfertigungsstellen in diesem Sinne informiert. Dennoch müsse er um Verständnis ersuchen. Die Zollbeamten müssen nicht nur die Einhebung der Zölle sichern, sondern auch die zum Schutz von Leben und Gesundheit der Bevölkerung erlassenen Einfuhrbeschränkungen überwachen.

Eine gemeinsame Ausbildung

für 36 neuaufgenommene leitende Wachebeamte von Polizei, Gendarmerie und Kriminaldienst begann erstmals in der Gendarmerieschule Mödling. Damit rücke, so wurde erklärt, das Fernziel von Innenminister Rösch, nämlich die Zusammenlegung der Gendarmerie und der Polizei, ein Stück näher.

100 neue Burgenländer

gab es im vergangenen Jahr durch die Einbürgerung von Ausländern. In anderen Bundesländern ist die Zahl der Eingebürgerten größer: in Salzburg waren es 556 und in Vorarlberg 341. Insgesamt wurden im vorigen Jahr in Österreich 7139 Ausländer eingebürgert, die höchste Anzahl seit dem Ende der fünfziger Jahre. Das größte Kontingent stellten mit 2546 die Deutschen, gefolgt von den Jugoslawen, Tschechoslowaken und Ungarn.

„Tür-Gut-Start, bei jeder Fahrt"

unter diesem Motto steht eine Inseratenkampagne, mit der die Autofahrer noch vor Beginn der Hauptreisezeit zum Anlegen der Sicherheitsgurte angeregt werden sollen. Im Herbst soll dann geprüft werden, ob das angestrebte Ziel erreicht wurde, teilte Verkehrsminister Lanc mit. Sollte sich herausstellen, daß die Gurte nicht in dem im Interesse der Autofahrer wünschenswerten Maße angelegt wurden, könnte intensivere Werbung oder intensivere Kontrolle die Konsequenz sein.

„Burgenland-Stiftung Theodor Kery" wurde übergeben: 10 Millionen

„Herr Landeshauptmann, ich übergebe Ihnen die Stiftungsurkunde der ‚Burgenland-Stiftung Theodor Kery' mit einer Stiftungssumme von 10 Millionen Schilling." In dieser Erklärung gipfelte die Ansprache, die der Präsident der „Burgenland-Stiftung", Kommerzialrat Karl Markon, Montag im Haydn-Saal des Eisenstädter Schlosses hielt. Die Urkundenübergabe bildete den Höhepunkt des Festaktes, bei dem — umrahmt von einem erlesenen künstlerischen Programm — die Verdienste von Theodor Kery anläßlich des zehnten Jahrestages seines Amtsantrittes gewürdigt wurden. Der Landeshauptmann dankte mit den Worten: „Ich empfinde es als ganz außerordentlich und beglückend, daß diese 10-Jahr-Feier den Anstoß zu einer Gemeinschaftsleistung sondergleichen im Dienste und zum Wohle des Burgenlandes gegeben hat."

Dr. Emmerich Haffner und …

Willy Portschy überbrachten die Grüße der Landmannschaften.

Der Haydn-Saal des Eisenstädter Schlosses war Montagabend bis auf den letzten Platz besetzt. Neben prominenten Exponenten von Politik, Wirtschaft und Kultur — viele von ihnen Mitglieder des Kuratoriums der „Burgenland-Stiftung Theodor Kery" — sah man Vertreter von Gemeinden aus allen Teilen des Landes, von Unternehmungen, Institutionen und Vereinen, aber auch viele Frauen, Männer und Jugendliche, die der Einladung des Stiftungskuratoriums folgend, zu dem Festakt gekommen waren. Landeshauptmann Kery wurde bei seinem Eintreffen — er kam mit seiner ganzen Familie — lebhaft begrüßt.

Mit großem Beifall wurde eine Grußbotschaft von Bundespräsident Dr. Rudolf Kirchschläger aufgenommen, in der das Staatsoberhaupt die Initiative zur Gründung der „Burgenland-Stiftung" begrüßt und seine Überzeugung ausspricht, „daß sie mithelfen wird, das Fundament zu festigen und zu verbreitern, das sich auch mit dem Namen von Landeshauptmann Theodor Kery verbindet, dem ich auch zu zehn Jahren erfolgreicher Amtsführung gratuliere".

Erster Sprecher nach der künstlerischen Einleitung war Doktor Emmerich Haffner, der namens der Burgenländer in Wien dem Landeshauptmann dankte, daß er durch die Weckung des Burgenland-Bewußtseins und den Brückenschlag zu den Landsleuten außerhalb der Heimat dafür gesorgt hatte, daß diese Verbindung immer lebendig blieb. Die Grüße der Burgenländer in der Steiermark übermittelte Willy Portschy, der besonders darauf hinwies, Landeshauptmann Kery habe durch die Besuche in Graz und anderen steirischen Städten die Verbundenheit der Menschen in den beiden Grenzländern dokumentiert.

Den Gruß des Kuratoriums überbrachte Architekt Matthias Szauer, der die Aufbauarbeit im Burgenland im letzten Jahrzehnt würdigte: „Der Weg von den agrarischen Strukturen des Gestern in die industrielle Gegenwart vollzug sich nicht im Bruch, sondern im Ausgleich mit der Vergangenheit. An dieser großen burgenländischen Leistung hatte Theodor Kery den Anteil des planenden, umsichtigen, koordinierenden Architekten. Sein Leistungswille, seine selbstbewußte Entschlossenheit, seine Führungsqualitäten prägten diese Entwicklung und trugen ganz wesentlich zu ihrem erfolgreichen Verlauf bei."

Gertraud Schober sprach für den Kunstbeirat und …

Matthias Szauer für das Kuratorium.

„Du brauchst uns das Zeugnis gar nicht zeigen, wir wissen ja schon, daß du ein Versager bist."

Gertraud Schober, die den Gruß des Wissenschafts- und Kunstbeirates übermittelte, entwickelte ihn vom Standpunkt der Frau und deren Aufgabe: zu helfen, zu fördern, zu tolerieren und zu versöhnen. Der Beirat werde seine gewiß nicht leichte Aufgabe nach bestem Können, Wissen und Gewissen erfüllen.

Im besonderen unterstrich Kommerzialrat Karl Markon das Wirken des Landeshauptmannes: „Theodor Kery ist ein Glücksfall für uns und für das Burgenland! Wie kein anderer hat er in einer historischen Stunde das neue Selbstgefühl des Burgenländers repräsentiert." Dann übergab er die Stiftungsurkunde.

Bewegt dankte Kery: „Ich empfinde es als ganz außerordentlich und beglückend, daß diese Zehn-Jahr-Feier den Anstoß zu einer Gemeinschaftsleistung sondergleichen im Dienste und zum Wohle des Burgenlandes gegeben hat. Sie beschenken nicht mich, sondern das Land — oder besser gesagt: indem Sie das Land beschenken, machen Sie mir das größte Geschenk."

Das künstlerische Programm — Lyrik, Prosa und Musik — gestalteten Elfriede Ramhapp und Peter Neusser vom Josefstädter Theater, der Bläserkreis aus Oberschützen unter Hans Meister sowie das Kammerorchester Joseph Haydn unter Eduard Ehrenreich.

Mit der Erstaufführung der Burgenland-Fanfare von Jenö Takacs und der Landeshymne klang die Feierstunde aus.

Der Haydn-Saal des Eisenstädter Schlosses war überfüllt.

Kommerzialrat Markon übergab die Stiftungsurkunde.

Ärztedienst Seite 22
Apothekendienst Seite 33

Die Politik

Bundespräsident Dr. Heinz Fischer

Ein faszinierender Aufstieg

Die „Burgenlandstiftung – Theodor Kery" feiert heuer – 2016 – ihren 40. Geburtstag. Da diese Stiftung im Jahr 1976 zum 10-jährigen Amtsjubiläum von Landeshauptmann Theodor Kery ins Leben gerufen wurde, fällt dieses 40-Jahr-Jubiläum mit dem 50-Jahr-Jubiläum des Amtsantrittes von Theodor Kery als Landeshauptmann des Burgenlandes zusammen. Theodor Kery und das Burgenland sind also die beiden Brennpunkte dieses Buches, das zu beiden viel zu berichten hat. Theodor Kery war der längstdienende Landeshauptmann des Burgenlandes und sein Rekord – eine Amtsperiode von 21 Jahren – wird nicht so leicht zu überbieten sein.

Fast alle Burgenländerinnen und Burgenländer wissen, dass Theodor Kery im Juli 1918 – also wenige Wochen vor dem Zusammenbruch der Österreichisch-Ungarischen-Monarchie – in Mannersdorf an der Rabnitz geboren wurde. Er besuchte von 1928 bis 1932 das Realgymnasium in Mattersburg und begann dann eine Lehrerausbildung.

Der schreckliche Zweite Weltkrieg kostete ihm fast sieben Jahre seiner Lebenszeit.

Offensichtlich haben ihn aber die Eindrücke des Kriegsgeschehens und die großen Probleme des anschließenden Wiederaufbaues politisch sozialisiert und stark geprägt. Er schloss sich der sozialdemokratischen Bewegung an und wurde bereits als 33-Jähriger in den Burgenländischen Landtag gewählt. Damit begann eine steile Karriere, die ihn 1966 als Nachfolger von Hans Bögl in das Amt des Burgenländischen Landeshauptmannes führte.

Ich habe Theodor Kery 1963 – also vor mehr als 50 Jahren – kennengelernt. Er erschien mir – dem um fast genau 20 Jahre Jüngeren – als strenger, zielbewusster, geradliniger Politiker, der ausgeprägte Führungsqualitäten hatte. Mit dem jovialen, unermüdlichen und reformorientierten Fred Sinowatz an seiner Seite war das Duo Kery/Sinowatz unschlagbar; dies umso mehr, als um dieses Duo herum eine Reihe weiterer junger, dynamischer Landesräte und Abgeordnete als Team an der Arbeit waren. Das Ziel ihrer Bemühungen war das Burgenland. Genauer gesagt: der politische, wirtschaftliche, soziale und kulturelle Aufstieg des Burgenlandes. Dass dies ein

„Es gibt wohl kein österreichisches Bundesland, das sich in der Zeit seit dem Ende des Zweiten Weltkrieges so dynamisch entwickelt und so stark verändert hat wie das Burgenland.

großes, faszinierendes aber schwieriges Ziel war, kann ich persönlich bezeugen, weil ich ja – wie ich immer wieder berichtet habe – die ersten Monate meiner Schulzeit im Schuljahr 1944/45 im Burgenland (Pamhagen) verbracht habe. Es sind ziemlich genaue Erinnerungen, die ich an die Lebensweise von damals, an die strohgedeckten Häuser, an die Staubstraßen, an die wackeligen Fuhrwerke, an die manuelle Landwirtschaft, an die Kleingewerbetreibenden etc. habe.

Der von solchen Lebensbedingungen seinen Ausgang nehmende Aufstieg des Burgenlandes ist faszinierend. Es gibt wohl kein österreichisches Bundesland, das sich in der Zeit seit dem Ende des Zweiten Weltkrieges so dynamisch entwickelt und so stark verändert hat wie das Burgenland – wobei ja auch in allen anderen österreichischen Bundesländern Phantastisches geleistet wurde.

Es wäre unfair zu verschweigen, dass die Mitgliedschaft Österreichs in der Europäischen Union, die Öffnung der Grenzen zu den Nachbarstaaten und großzügige Förderungen durch die Europäische Union zu diesem Aufstieg des Burgenlandes entscheidend beigetragen haben. Es ist ein großes Verdienst der Burgenlandstiftung, diese Entwicklung und diesen Aufschwung unter den verschiedensten Gesichtspunkten zu begleiten und zu dokumentieren.

Und wir sind es auch Alt-Landeshauptmann Kery, der am 9. Mai 2010 verstorben ist, schuldig, seinen Beitrag zu diesem Aufschwung zu würdigen.

Ich verstehe dieses Buch als einen Beitrag zur Zeitgeschichte, als ein Lehrbuch im wahrsten Sinne des Wortes, aus dem wir einerseits lernen können, was bereits hinter uns liegt, aber auch Kraft schöpfen können und Orientierung finden über den Weg des Burgenlandes in eine gute Zukunft.

In diesem Sinn wünsche ich dieser Publikation eine gute Aufnahme in der Öffentlichkeit.

Landeshauptmann Hans Niessl

Burgenland. Ein Erfolgsland

Das Jubiläum „40 Jahre Burgenlandstiftung – Theodor Kery" gibt Anlass, die Entwicklung des Burgenlandes in den vergangenen vier Jahrzehnten zu beleuchten, aber auch den Blick auf die Chancen und Herausforderungen der Zukunft zu richten. Die vergangenen 40 Jahre sind gerade für das Burgenland von einem tiefgreifenden Wandel geprägt. Durch die Randlage im Schatten des „Eisernen Vorhangs" war das Burgenland über Jahrzehnte hinweg benachteiligt. Der Aufbau des Landes gestaltete sich in vielen Bereichen, vor allem in der Wirtschaft, als schwierig und war nur mit größten Anstrengungen und durch den besonderen und sprichwörtlichen Fleiß und Einsatz der Burgenländerinnen und Burgenländer möglich.

Unerlässlich war es aber auch, dass seitens der Politik die richtigen Weichenstellungen vorgenommen wurden. Und hier war es allen voran Theodor Kery, der das Burgenland über mehr als zwei Jahrzehnte hinweg als Landeshauptmann geprägt hat und als der Architekt des neuen und modernen Burgenlandes gilt. Theodor Kery hat durch sein politisches Wirken das Fundament für den erfolgreichen burgenländischen Weg geschaffen.

War das Burgenland einst im Bundesländervergleich Schlusslicht, so ist es heute in vielen Bereichen eine Modellregion. Die Wirtschaft entwickelt sich seit Jahren besser als in anderen Ländern, wir haben überdurchschnittliche Zuwächse an Beschäftigten im Burgenland. Seit Mitte der 1970er-Jahre hat sich die Zahl der unselbstständig Beschäftigten im Burgenland auf rund 100.000 nahezu verdoppelt. Ebenfalls verdoppelt hat sich in diesem Zeitraum die Zahl der Nächtigungen im Tourismus – auf rund 3 Millionen. Und bei der Wertschöpfung durch den Tourismus konnten wir 2015 erstmalig die 1 Milliarde-Marke überschreiten. Beim Wirtschaftswachstum und bei den Exportzuwächsen lag das Burgenland in den vergangenen Jahren stets im Spitzenfeld. War das Burgenland einst das Land der „verlängerten Werkbänke", so ist es heute ein moderner Wirtschaftsstandort mit vielen Betrieben, die auf Qualität und Innovation setzen. Es gibt eine ganze Reihe von Faktoren, die diesen erfolgreichen burgenländischen Weg in den vergangenen Jahren und Jahrzehnten ermöglicht oder zumindest begünstigt haben. Zweifellos von entscheidender Bedeutung ist, dass das Burgenland seit 1995 die Fördermöglichkeiten der Europäischen Union sehr gut genutzt hat. Ein wichtiger Grundstein für die Modernisierung des

Landes wurde aber meines Erachtens schon weit früher gelegt – nämlich mit einer gezielten und wohlüberlegten Schwerpunktsetzung auf den Bildungsbereich im Burgenland, die ganz eng mit dem langjährigen Unterrichtsminister und späteren Bundeskanzler Dr. Fred Sinowatz verbunden ist. Aus einem „Land der Schulschande", wie es Theodor Kery einst formuliert hat, ist ein Land der guten Bildung geworden. Das Burgenland ist der Bildungsaufsteiger Österreichs.

In den vergangenen 40 Jahren hat sich die Zahl der Maturantinnen und Maturanten im Burgenland mehr als verdoppelt. Mit knapp 50 % hat das Burgenland heute die höchste Maturantenquote aller Bundesländer. Mehr als 30 % der 18- bis 25-Jährigen studieren an einer Universität oder an einer Fachhochschule. Mit nahezu 100 % haben wir die höchste Betreuungsquote aller 3- bis 5-Jährigen. Der wirtschaftliche Aufstieg des Burgenlandes in den vergangenen Jahren und Jahrzehnten geht einher mit dem Ausbau der Bildung. Daher ist es mir wichtig, dass wir vom Land der guten Bildung zum Land der besten Bildung werden. Nur so können wir die Chancen einer modernen Wissensgesellschaft nutzen.

Das Burgenland hat sich in den vergangenen 40 Jahren zu einer Region mit höchster Lebensqualität entwickelt. Und das ist eine große gemeinsame Leistung der Burgenländerinnen und Burgenländer. Es gibt aber auch viele Persönlichkeiten, die sich ganz besondere Verdienste um unser Land erworben haben. Dazu gehören zweifellos auch die Preisträgerinnen und Preisträger der Burgenlandstiftung – Theodor Kery. Sie stehen vorbildhaft für herausragende Leistungen.

Ich möchte auch allen Mitgliedern des Präsidiums, des Kuratoriums sowie des Wissenschafts- und Kunstbeirates für ihren Einsatz und ihr Engagement Dank, Respekt und Anerkennung aussprechen. Ein bekanntes Zitat von Theodor Kery lautet: „Das Leitbild unseres gemeinsamen Wirkens muss von der Liebe zur Heimat geprägt sein" – ein Leitbild, das auch im 21. Jahrhundert seine Gültigkeit hat.

Um das Burgenland weiterhin in der Erfolgsspur zu halten, müssen wir dem Wandel der Zeit Rechnung tragen. Wir müssen das Land fit für die Zukunft machen. Dafür brauchen wir Investitionen, die Wachstum und Beschäftigung bringen, die Forschung und Innovation im Land stärken. Als Übergangsregion stehen im Burgenland bis 2020 in Summe 750 Millionen Euro an Fördergeldern zur Verfügung. Wir müssen Bildung und Ausbildung weiter forcieren, weil Bildung dem Land und den Menschen in unserem Land Chancen und eine gute Zukunft gibt. Die Internationalisierung des Landes muss weiter vorangetrieben werden. Auch die Vorreiterrolle des Burgenlandes bei der Nutzung erneuerbarer Energie wird im Rahmen unserer Energiestrategie weiter ausgebaut. Eine ganz große Herausforderung unserer Zeit lautet, dass wir den gesellschaftlichen Zusammenhalt sichern. Denn nur gemeinsam können wir auch die Zukunft des Burgenlandes erfolgreich gestalten.

Bundesminister Dr. Josef Ostermayer

Miteinander, Toleranz und Respekt

Das Burgenland blickt auf eine bewegte Geschichte zurück. Diese ist über weite Strecken eine beeindruckende Erfolgsstory, eine Geschichte des kontinuierlichen Aufstiegs, der Neuorientierung und Modernisierung. Aus einem früher als wirtschaftlich rückständig geltenden und stark agrarisch geprägten Gebiet wurde in einem rasanten Aufholprozess der letzten Jahrzehnte eine europäische Vorzeigeregion.

Der Ausgangspunkt für das jüngste Bundesland Österreichs war allerdings kein einfacher. Erst im Jahr 1921 erfolgte der tatsächliche Übertritt in die österreichische Staatshoheit und das Burgenland wurde ein selbstständiges und gleichberechtigtes Bundesland. Voraus ging der Erste Weltkrieg, Friedensverträge, Konflikte über die genaue Grenzziehung und eine umstrittene Volksabstimmung betreffend Sopron und weiterer Gemeinden. Die folgenden Jahrzehnte waren für unser gesamtes Land von politischer und wirtschaftlicher Instabilität geprägt – mit der Eskalation in Schattendorf, dem Justizpalastbrand, Bürgerkrieg, der Beseitigung der Demokratie, dem nationalsozialistischen Terrorregime und dem Zweiten Weltkrieg.

Als Österreich in der Nachkriegszeit sprichwörtlich aus den Trümmern des Zweiten Weltkrieges wieder aufgebaut wurde, galt das Burgenland noch als ärmstes Bundesland. Doch der Fleiß und die besondere Leistungsbereitschaft der Burgenländerinnen und Burgenländer machten einen sukzessiven Aufholprozess möglich.

Insbesondere während der Amtszeit des langjährigen burgenländischen Landeshauptmannes Theodor Kery wurden entscheidende Weichen für die erfolgreiche Entwicklung des Landes gestellt. Die Modernisierung des Landes wurde in vielen Bereichen vorangetrieben und verstärkt in Bildung, das Gesundheitswesen und den Ausbau der Infrastruktur investiert – auch der kulturellen.

Die Erfolgsgeschichte unseres jüngsten Bundeslandes ist aber auch ganz eng mit der Europäischen Union verbunden. Mit dem EU-Beitritt Österreichs im Jahr 1995 wurde das Burgenland zum sogenannten Ziel 1-Fördergebiet. Im Rahmen der Regionalförderung wurden über einen Zeitraum von elf Jahren insgesamt mehr als

985 Millionen Euro an Fördervolumen investiert. Es entstanden unter anderem Technologiezentren, Schulen, Forschungsstätten, es wurden Firmenneugründungen, Umwelt- und Tourismusprojekte unterstützt. Auf diese Periode folgten sieben – ebenfalls erfolgreiche – Jahre der „Phasing-Out"-Förderung, in der 444 Millionen Euro bereitgestellt wurden. Zusätzlich flossen auch noch Mittel für die Landwirtschaft sowie aus anderen EU-Förderprogrammen ins Burgenland. Im Rahmen eines Übergangsprogramms stehen dem Land auch weiterhin Fördermittel für Wachstum und Beschäftigung zur Verfügung.

Kein anderes Bundesland hat vom EU-Beitritt so stark profitiert. Dem Burgenland ist es dabei gelungen, den bestmöglichen Nutzen aus den Förderungen zu ziehen. Das Ergebnis kann sich sehen lassen: Das burgenländische Wirtschaftswachstum lag von 2001 bis 2013 über dem Österreich-Durchschnitt. Anfang 2015 gab es um fast 20.000 Beschäftigte mehr im Burgenland als im Jahr 2000. Im Bildungsbereich kann das Land heute auf Spitzenplätze verweisen. Nahezu jede/r zweite 18- bis 21-Jährige beginnt ein Studium und auch die Zahl der Studienanfängerinnen und Studienanfänger an den Fachhochschulen ist mit 20 Prozent überdurchschnittlich hoch.

Eine weitere Erfolgsgeschichte ist die Unabhängigkeit des Burgenlandes in der Energieversorgung: Seit dem Jahr 2013 produziert das Land über 100 Prozent seines Strombedarfes selbst und ist damit die erste Region Europas, die dieses Ziel erreicht hat. Das Burgenland ist auch ein Vorreiter bei der Erzeugung von Ökostrom, mit der Energie Burgenland als größtem Windstromproduzenten Österreichs. Auf die Forcierung von grünen Zukunftstechnologien wird im Land großer Wert gelegt.

Die Burgenländerinnen und Burgenländer zeichnen sich auch dadurch aus, dass sie bei der Hilfe für Flüchtlinge immer wieder viel Menschlichkeit bewiesen haben. Sei es 1956, 1989 oder angesichts der Flüchtlingsströme von 2015. Sie haben zugepackt und geholfen, wo es notwendig und möglich war. Sie haben ihr Verständnis gezeigt, das vielleicht auch auf eigenen Erfahrungen fußt. So haben doch viele in der Zwischenkriegszeit ihre burgenländische Heimat aus wirtschaftlicher Not verlassen und ihr Glück in Amerika gesucht. Schließlich steht das Burgenland auch für das friedliche Miteinander seiner verschiedenen Volks- und Sprachgruppen (Deutsch, Burgenland-Kroatisch, Ungarisch und Romanes), für gelebte Toleranz und gegenseitigen Respekt.

Als Burgenländer blicke ich mit besonderer Freude und Stolz auf diese Erfolgsgeschichte meiner Heimat. Denn der Weg war nicht immer einfach und die Erweiterung der Europäischen Union hat das östlichste Bundesland auch vor viele Herausforderungen gestellt. In diesem Zusammenhang möchte ich die Leistungen der Burgenlandstiftung – Theodor Kery hervorheben, deren Anliegen es seit nunmehr 40 Jahren ist, Arbeiten und Projekte zu fördern, die für die Wirtschaft und Menschen des Burgenlandes von Nutzen sind. Für die Aufgaben der Zukunft werden wir weiterhin solche wertvollen Beiträge benötigen. Ich bin überzeugt davon, dass es den Burgenländerinnen und Burgenländern gelingen wird, die erzielten Erfolge weiterzuführen und langfristig abzusichern.

Die Stiftung

Michael Gerbavsits, Präsident der Burgenlandstiftung – Theodor Kery

Die Stiftung als Initiatorin und Förderin großartiger Leistungen

Menschen, Projekte oder Institutionen zu unterstützen war immer ein besonderes Anliegen Theodor Kerys, von 1966 bis 1987 Landeshauptmann des Burgenlandes. Anlässlich seines 10. Regierungsjahres haben Unternehmungen, Gebietskörperschaften, Privatpersonen und Institutionen Österreichs – im Besonderen des Burgenlandes – die „Burgenlandstiftung – Theodor Kery zur Förderung von Wissenschaft, Forschung, Kunst, Kultur, Sport und Sozialem" errichtet. Die Stiftung hat sich die Förderung von Wissenschaft, Forschung und Kunst durch die Erteilung von Forschungsaufträgen sowie die Vergabe von Beiträgen für wissenschaftliche, künstlerische, literarische und publizistische Arbeiten zum Ziel gesetzt.

Zur konstituierenden Sitzung am 13. April 1976 schrieb Gründungspräsident Kommerzialrat Karl Markon: *„Gute Straßen, schöne Städte und Dörfer, gesundes Wasser. Leistungsfähige Strom- und Gasversorgung, Kanalisation und Müllbeseitigung. Moderne Schulen und Kindergärten, traute Heimstätten und Wohnhäuser, neue Spitäler! Sorge um unsere alten Mitbürger, Hebung der Volksgesundheit, aufstrebende Gewerbebetriebe und Industrien. Sicherung der Arbeitsplätze, Aufschwung im Fremdenverkehr, Verbesserung der Landstruktur, Sport- und Erholungsstätten, Bäder, Pflege alter Kulturdenkmäler, Bau von zeitgemäßen Kulturzentren, Förderung von Kunst – und vieles andere mehr. Das ist das neue Burgenland, das schöne Burgenland! Der Burgenländer ist stolz auf seine Heimat! Landeshauptmann Kery ist Symbol dieses Landes, Sinnbild des Aufbruches, des Aufstieges, der Leistung. Die Bevölkerung und Freunde dieses Landes danken aus Anlaß des 10-jährigen Regierungsjubiläums dem Landeshauptmann mit der ‚Burgenlandstiftung – Theodor Kery'."*

Der damalige Bundespräsident Dr. Rudolf Kirchschläger wiederum schrieb in der Gründungsfestschrift: „... *Jeder Besucher des Burgenlandes spürt den Optimismus, mit welchem die Bevölkerung des Landes ihr Geschick selbst in die Hand nahm und es erfolgreich gestaltete. Die Burgenländer glauben an ihr Heimatland und seine Zukunft. Die ‚Burgenlandstiftung – Theodor Kery' hat sich die Weckung und Förderung aller schöpferischen Talente, an denen dieses Bundesland so reich ist, zum Ziel gesetzt. Ich begrüße diese Initiative und bin überzeugt, daß sie mithelfen wird, das Fundament zu festigen und zu verbreitern, auf welchem schon bisher eine ebenso eindrucks- wie verdienstvolle Aufbauarbeit geleistet wurde, die sich auch mit dem Namen von Landeshauptmann Theodor Kery verbindet ...*"

Das Gründungskapital der Stiftung in der Höhe von 500.000 Schilling wurde von folgenden Firmen bzw. Privatpersonen aufgebracht: Firma Edelstaler Römerquelle, Firma Gaskoks-Vertrieb, Firma Josef Nikitscher, Dipl.-Ing. Johann Ringauf und Architekt Mag. Matthias Szauer. Schon parallel zu den Gründungsaktivitäten liefen intensive Bemühungen zur Vergrößerung des Stiftungskapitals. Diese waren von großem Erfolg gekrönt: Hatte man sich ursprünglich ein Gesamtkapital von 4 Millionen Schilling zum Ziel gesetzt, konnte schließlich ein Betrag von über 10 Millionen Schilling verbucht werden. Mehr als 200 Spender größerer Summen und tausende kleinere Unterstützer haben dazu beigetragen.

Bei der konstituierenden Sitzung wurde Kommerzialrat Karl Markon, Inhaber der Neudörfler Möbelfabrik, zum Gründungspräsidenten gewählt. Als stellvertretende Präsidenten fungierten der Arzt Dr. Emmerich Haffner und Direktor Emil Steiner von der Firma Prochaska & Cie und Römerquelle. Zum Gründungsgeschäftsführer wurde BEWAG-Generaldirektor Eugen Horvath gewählt. Am 28. Juni 1976, dem 10. Jahrestag der Angelobung von Theodor Kery als Landeshauptmann, wurde diesem der Stiftungsbrief übergeben. Generaldirektor Eugen Horvath wurde zum Präsidenten gewählt, Architekt Matthias Szauer zum Vorsitzenden des wissenschaftlichen Beirates und Dr. Horstmar Vogl zum Geschäftsführer.

Seit der Gründung vor 40 Jahren hat die Stiftung eine enorme Entwicklung genommen und ist als eine der bedeutendsten gemeinnützigen Stiftungen heute aus dem Burgenland nicht mehr wegzudenken.

Gerechnet zu heutigen Preisen sind es rund 4,5 Millionen Euro an Anerkennungs-, Förderungs- und Unterstützungspreisen, die bisher an 592 Personen bzw. Institutionen ausgeschüttet wurden. Unter den Ausgezeichneten sind viele, die später Spitzenleistungen erbracht haben. Hervorheben kann man – stellvertretend für viele andere – Julia Dujmovits, die 2004 in der Sparte Sport den Preis der Burgenlandstiftung – Theodor Kery erhalten hat und 2014 die olympische Goldmedaille im Snowboard nach Hause holte. Oder Wolfgang Murnberger, der 1992 in der Sparte Publizistik ausgezeichnet wurde und es später zu einem der renommiertesten Regisseure und Drehbuchautoren Österreichs gebracht hat. Hannes Mikula wiederum ist ein hervorragender Wissenschaftler: 2013 erhielt er den Kery-Preis, 2014 promovierte er an der Technischen Universität Wien „sub auspiciis praesidentis“ und heute forscht er am Massachusetts General Hospital auf biomedizinischem Gebiet.

Ich möchte das Jubiläum der Burgenlandstiftung – Theodor Kery zum Anlass nehmen, mich bei den Gründern, den Gönnerinnen und Gönnern, Sponsorinnen und Sponsoren sowie jenen vielen Menschen, die in den vier Jahrzehnten als Mitglieder des Kuratoriums oder des wissenschaftlichen Beirates mitgewirkt haben, sehr herzlich zu bedanken – für ihr Engagement im Sinne des Namensgebers unserer Stiftung.

Thomas Lehner, Vorsitzender des wissenschaftlichen Beirates

Ein entschlossenes Land, mit steigendem Selbstvertrauen

Die Burgenlandstiftung – Theodor Kery ist seit ihrer Gründung vor vierzig Jahren mit der Idee des Aufstiegs des Burgenlandes verknüpft. Damals war darunter vor allem die Schaffung einer zeitgemäßen und funktionierenden Infrastruktur in einem rückständigen Landstrich zu verstehen. Der Bau von Straßen, die Errichtung von Schulen und Kindergärten, aber auch von Kulturzentren waren damals sichtbare Zeichen eines rasanten Aufholprozesses.

Der langjährige Vorsitzende des wissenschaftlichen Beirates, Matthias Szauer, dem ich 2015 in dieser Funktion nachfolgen durfte, führte in der Gründungsfestschrift im Jahre 1976 Folgendes aus:
„Ich habe unmittelbar die wachsende Entschlossenheit und das wachsende Selbstvertrauen des Burgenländers erfahren, aus der geistigen und wirtschaftlichen Isolation zu neuen Lebensstrukturen zu gelangen. (…) Diese Möglichkeit war uns Architekten im besonderen Maße gegeben, weil die Entwicklung des Burgenlandes zu einem sehr wesentlichen Teil als Aufbauleistung anzusehen ist. Sie gewinnt Gestalt in der Vielzahl der neuen Eigenheime, Wohnungen, Betriebe, Schulen, Krankenhäuser und Fremdenverkehrseinrichtungen. (…) Das Burgenland hätte ein museales Reservat mit strohgedeckten Häusern, seltenen Pflanzen und Vögeln sowie bäuerlich urwüchsigen Menschen bleiben sollen. Eine Alternative zwischen Bewahrung und Fortschritt, nach der wir gesucht – und die wir gefunden haben – schien (…) nicht denkbar. Theodor Kery hat kraft seiner dynamischen Persönlichkeit und seiner unerschütterlichen Überzeugung in die Leistungsfähigkeit des Burgenlandes viel dazu beigetragen, daß ein eigenständiger Weg gefunden werden konnte, daß der Burgenländer aus dem geistigen Randzonenbewußtsein zu neuem Selbstverständnis gelangt ist. (…) Und darin sehe ich auch die Bedeutung der neuerrichteten Burgenlandstiftung, die Theodor Kerys Namen trägt, – nämlich in der Aufgabe, neue geistige und materielle Kraftquellen für die Vertiefung dieses Burgenlandbewußtseins zu erschließen, Persönlichkeiten zu fördern, welche die Fähigkeit haben, die neue burgenländische Eigenständigkeit durch ihren Beitrag weiter zu bereichern.“

Die geographische Randlage am Eisernen Vorhang, am Rand Westeuropas, erschwerte diese Entwicklung. Dennoch hat das Burgenland diesen Aufholprozess erfolgreich gemeistert. Durch den Fleiß seiner Menschen, der auch in anderen Bundesländern anerkannt ist. Durch eine Politik, die die Grundlagen dafür geschaffen hat und die untrennbar mit dem Namen von Landeshauptmann Theodor Kery verbunden ist. Die Gründung der Burgenlandstiftung – Theodor Kery anlässlich seines zehnjährigen Regierungsjubiläums war daher nur ein zusätzlicher konsequenter Schritt zur Förderung dieser Entwicklung und zur Förderung der Entwicklung eines gesunden burgenländischen Selbstbewusstseins.

Die Burgenlandstiftung – Theodor Kery vergibt seit ihrer Gründung jährlich Fördermittel in den Bereichen Wissenschaft, Forschung und Kunst. 1993 wurde der Stiftungszweck erweitert. Seither werden Fördermittel auch in den Bereichen Kultur, Sport und Soziales ausgeschrieben. Gefördert werden wissenschaftliche Arbeiten und Leistungen, die für die burgenländische Wirtschaft, das Ansehen des Burgenlandes im In- und Ausland sowie für die Menschen des Burgenlandes von Bedeutung sind. Mittel der Stiftung werden für Forschungsaufträge, für Förderungspreise und für besondere Leistungen bereitgestellt.

Konkret werden Stiftungsmittel in folgenden Bereichen vergeben:

- Naturwissenschaften
- Geisteswissenschaften
- Wirtschafts- und Sozialwissenschaften
- Kunst und Kultur
- Publizistik und Literatur
- Wirtschaft
- Sport
- Soziales

Aufgabe des wissenschaftlichen Beirates der Burgenlandstiftung – Theodor Kery ist es, Vorschläge für die Vergabe der Fördermittel zu erstellen und diese fachlich zu begründen. Die Mitglieder des wissenschaftlichen Beirates sind Persönlichkeiten, die aufgrund ihrer Tätigkeit und ihrer Leistungen über eine entsprechende Expertise in den jeweiligen Fachbereichen verfügen. Sie bewerten die eingereichten Ansuchen und begründen die Vorschläge für die Höhe der zu vergebenden Fördermittel im jeweiligen Fachbereich. Das Ergebnis wird vom wissenschaftlichen Beirat dem Kuratorium der Stiftung zur endgültigen Entscheidung vorgelegt. In den letzten Jahren wurden an jeweils durchschnittlich 15 PreisträgerInnen jährlich insgesamt durchschnittlich 30.000 Euro vergeben.

Die Arbeit im wissenschaftlichen Beirat der Burgenlandstiftung – Theodor Kery wurde entscheidend durch die Persönlichkeit des langjährigen Vorsitzenden Matthias Szauer mitgeprägt. Matthias Szauer war einer der Mitgründer der Stiftung und übte die Funktion des Vorsitzenden des wissenschaftlichen Beirates über

39 Jahre aus. Auch wenn er sich immer wieder gegen Danksagungen und Auszeichnungen seiner Person ausgesprochen hat, ist ihm an dieser Stelle für seinen Einsatz für die Stiftung aufrichtig zu danken.

„Diese positive Entwicklung des Burgenlandes war Voraussetzung für ein entwickeltes Selbstbewusstsein der BurgenländerInnen und ihren Stolz auf ihr Heimatland.

Das Burgenland selbst hat seit der Gründung der Burgenlandstiftung – Theodor Kery vor vierzig Jahren eine bemerkenswerte weitere Entwicklung vollzogen. Von einer verlängerten Werkbank mit Billigarbeitsplätzen zu einer Qualitätstourismusregion. Von etwas mehr als 53.000 Arbeitsplätzen im Jahr 1976 zu fast 100.000 Arbeitsplätzen im Jahr 2015. Von einem Land an einer toten Grenze zu einer Region im Zentrum Europas. Verbunden ist diese Entwicklung freilich mit entsprechenden neuen Problemen und Herausforderungen, die die Freizügigkeit von ArbeitnehmerInnen und Dienstleistungen mit sich bringt.

Das Burgenland wurde aber auch zu einer Region, in der mehr Strom aus erneuerbaren Energiequellen erzeugt als hier verbraucht wird. Und es wurde zum Bundesland mit der höchsten MaturantInnen-Quote in Österreich.

Das alles war keine Entwicklung, die sich quasi naturgesetzlich und in jedem Fall so vollzogen hätte. Es war eine Entwicklung, die geprägt war vom Willen der gewählten Politiker dieses Landes. Deren Entscheidung für einen gezielten Einsatz der vorhandenen Mittel war die Grundlage und Voraussetzung dieser positiven Entwicklung des Burgenlandes. Und diese positive Entwicklung des Burgenlandes war Voraussetzung für ein entwickeltes Selbstbewusstsein der BurgenländerInnen und ihren Stolz auf ihr Heimatland.

Die Burgenlandstiftung – Theodor Kery wird auch in Zukunft ihren Beitrag zur Anerkennung besonderer Leistungen erbringen, die für das Ansehen des Burgenlandes und für die Menschen in diesem Land von besonderer Bedeutung sind. Sie möchte damit zur weiteren positiven Entwicklung des Selbstbewusstseins der BurgenländerInnen beitragen. Es ist eine Auszeichnung und Ehre, an dieser Aufgabe mitwirken zu dürfen.

Die Zeit

Walter Feymann

Kery: Politiker, Pädagoge, prägende Persönlichkeit

Wir leben in einer sehr schnelllebigen Zeit. Bei einer Umfrage unter jungen Burgenländerinnen und Burgenländern über Theodor Kery könnten viele mit diesem Namen wohl nichts mehr anfangen. Manche wüssten vielleicht, dass es einen Politiker mit diesem Namen gab, andere würden vielleicht eine Theodor-Kery-Straße kennen, manche vielleicht die Burgenlandstiftung – Theodor Kery. Es ist heute übliche Praxis, wenn man etwas nicht weiß, im Internet zu „googeln". Die Ergebnisse sind sehr ernüchternd. Kery wird im Zusammenhang mit Skandalen, Gerichtsurteilen, „Caps drei Fragen" usw. genannt. Ein sehr merkwürdiges, stark verzeichnetes und äußerst simplifizierendes Bild, das der Wahrheit kaum nahe kommt!

„Niemand hat noch Neuland entdeckt, der nicht das Wagnis auf sich genommen hat, alte Ufer hinter sich zu lassen.

Theodor Kery

Kery war eine außergewöhnliche Persönlichkeit. Viele haben ihn – auch mit Absicht – missverstanden und wollten nur eine Seite seiner Person sehen: sein bestimmtes Auftreten, seine politische Pragmatik, den bewussten Einsatz der Amtsautorität, seine manchmal überschießende Emotionalität. Kery als „homo ludens" – mit zum Teil ungewöhnlichen Ausprägungen, wie dem Erwerb eines Privatpilotenscheins oder sogar Kunstflugscheins im fortgeschrittenen Alter, seiner Begeisterung für ein schweres BMW-Motorrad, seiner Leidenschaft für alles Technische oder seiner für viele befremdenden Beziehung zu Waffen. Hinter diesem äußeren Erscheinungsbild stand ein sehr intelligenter, an vielem interessierter, gebildeter und sensibler Mensch, der in erstaunlichem Ausmaß deutsche Lyrik rezitieren konnte und besonders Rilke überaus schätzte. Er beherrschte noch als Pensionist den Mathematikstoff eines Gymnasiasten und war besonders von den Naturwissenschaften fasziniert. Kery war als Lehrer ein begeisterter Pädagoge, bei dem das Kind im Mittelpunkt stand, und er war eine Politikerpersönlichkeit, die Anteil am einzelnen Menschen und seinen Lebensumständen nahm. Er drückte in einer für

das Burgenland wichtigen Entwicklungsphase dem Land seinen prägenden Stempel auf. 34 Jahre lang war er Obmann der SPÖ im Bezirk Oberpullendorf und 25 Jahre lang Regierungsmitglied, davon 21 Jahre Landeshauptmann.

Kery wurde am 24. Juli 1918 im damals noch ungarischen Mannersdorf an der Rabnitz geboren. Sein Vater stammte aus einer kleinbäuerlichen ungarischen Adelsfamilie aus dem westungarisch-burgenländischen Grenzraum, wie es damals etliche gab. Er war Notär, was heute einem Gemeindeamtmann entspricht. Als solcher war er in Güssing, Pöttelsdorf und eben auch seit 1915 in Mannersdorf tätig. Die Notäre bildeten zusammen mit den Lehrern und Pfarrern in der Dorfgemeinschaft die intellektuelle Schicht und waren in der Regel ausgeprägt pro-magyarisch eingestellt. So musste z. B. der Kreisnotär Kery in der revolutionären Phase nach dem Zerfall der Monarchie fluchtartig Mannersdorf verlassen. Später wurde die Notärfamilie sogar in Geiselhaft genommen, um die Auszahlung der Kriegsunterstützung zu erzwingen.[1] Übergriffe auf Notäre waren zur damaligen Zeit im Burgenland keine Seltenheit. Alexander Kery war daher froh, als in Pöttelsdorf eine Kreisnotärstelle frei wurde. Dennoch votierte er 1921 für das Burgenland und wurde Beamter der Burgenländischen Landesregierung, zuerst in Güssing, dann in Sauerbrunn und zuletzt in Eisenstadt. Seine Frau stammte aus Nikitsch und war Lehrerin. Neben Theodor (Tivadar János) gab es noch zwei weitere Kinder, Otto, Schauspieler und Leiter der Burgenländischen Landesbühne, und Klara. Die Familie war katholisch-konservativ orientiert.

Bis zum Eintritt der Kinder in die Volksschule in Güssing und später in Mattersburg wurde in der Familie ausschließlich ungarisch gesprochen. Das Ringen um die burgenländische Identität wurde daher später für den Politiker Theodor Kery zum bestimmenden Element seines politischen Strebens, als es darum ging, in den 1960er und 1970er Jahren ein neues, betontes Burgenlandbewusstsein zu entwickeln, zu dessen Symbolfigur er schließlich wurde.

Theodor Kery wurde dem Beispiel seiner Mutter folgend Lehrer und maturierte 1938 als Klassenbester an der römisch-katholischen Lehrerbildungsanstalt in Mattersburg. Die kommenden Lehrer sollten die Jugend im katholisch-vaterländischen Geist erziehen. Die neue politische Situation, die seit März 1938 bestand, wurde für den Junglehrer nicht nur existenziell zu einer großen Herausforderung. Als Dienstort wurde dem politisch als unzuverlässig Eingestuften zunächst Beuern im Kreis Königsberg in Ostpreußen zugewiesen. Erst durch Intervention seines Vaters bei Josef Palham, dem in der nationalsozialistischen Landesregierung für Schulangelegenheiten zuständigen Landesrat, bekam Kery als Hilfslehrer seine erste Dienststelle in Kobersdorf, einer gemischt-konfessionellen Gemeinde mit einem einst beachtlichen jüdischen Bevölkerungsanteil. Ähnlich wie in Mattersburg – was Kery noch unmittelbar miterlebte – wurden auch in Kobersdorf die Juden zur Absiedlung gezwungen. Kery sah im September 1938 nur mehr die leerstehenden Judenhäuser und das funktionslos gewordene Gebäude der Synagoge. Sein Schuldirektor war bereits illegales NSDAP-Mitglied gewesen. Dessen Bruder, der bis März 1938 Direktor der evangelischen Volksschule in Kobersdorf war, hatte in der Zwischenzeit in der Kreisleitung reüssiert. Es war daher nicht weiter überraschend, dass Direktor Molnar Theodor Kery im März 1939 aufforderte, als „deutscher Lehrer" der SA und der NSDAP beizutreten, was als Bedingung für eine Weiterbeschäftigung hingestellt wurde. Im gleichen Monat wurde Kerys Vater wegen politischer Unzuverlässigkeit – als 55-Jähriger – mit großen Abschlägen in Zwangspension geschickt. Das väterliche Schicksal vor Augen, stellte Theodor Kery damals den Antrag auf Parteimitgliedschaft. Er war alles andere als ein Parteikarrierist.

Als „Springer" lernte er in seinem ersten Dienstjahr an fünf verschiedenen Schulen fast den halben Bezirk kennen. Seine angestrebte Offiziersausbildung wurde wegen politischer Bedenklichkeit untersagt. Der Mitgliedsausweis wurde erst 1945 ausgehändigt und aus Angst vor den Russen von seiner Frau verbrannt, sodass Kery diesen selbst nie zu Gesicht bekam. Kerys Frau erstattete gegen den Ortsgruppenleiter Grössing wegen verschiedener Brutalitäten Disziplinaranzeige bei der Kreisleitung, was nicht nur auf Zivilcourage, sondern auch auf Distanziertheit zur NSDAP hinweist. Wie alle anderen ehemaligen Parteimitglieder musste sich auch Theodor Kery nach dem Krieg als Parteimitglied registrieren und der Entnazifizierungskommission stellen.

Auch seinem Beruf konnte er nicht nachgehen, was für die Familie große wirtschaftliche Probleme brachte. Er wurde als Minderbelasteter eingestuft und mit Bescheid der Bezirkshauptmannschaft Oberpullendorf vom 5. Dezember 1947 gem. § 4, Abs. 5 lit.c VG 47 von der Liste registrierter Mitglieder gestrichen.[2] In diese Zeit fiel auch sein erstes politisches Engagement für die SPÖ. Kery wurde auf Betreiben des damaligen Kobersdorfer Bürgermeisters Johann Schnabl 1947 sogar Ortsparteiobmann.

Durch die politischen Ereignisse ab 1934 fehlten der SPÖ im Bund wie auch im Land viele geeignete Funktionäre. Die Partei ging daher sehr pragmatisch und bewusst auf bestimmte Personengruppen zu. Landeshauptmannstellvertreter Alois Wessely, als Mann des Landessüdens, hatte innerparteilich mit einem politischen Übergewicht aus dem Raum Neufeld, Steinbrunn, Pöttsching und Eisenstadt zu kämpfen. Um seine Position zu stärken, griff er gerne auf Lehrer wie Karl Krikler, Hans Krutzler, Josef Medl und eben Theodor Kery zurück. Der Kobersdorfer Bürgermeister Johann Schnabl, Sekretär der Kammer der Arbeiter und Angestellten und auch Bezirksvorsitzender-Stellvertreter der SPÖ, gewann den arbeitslos gewordenen Lehrer zur Mitarbeit. „Herr Lehrer, kommen Sie zu uns. Wir brauchen Sie." So wenig spektakulär begann Kerys SPÖ-Karriere.[3] In der Folge war er im Bezirk Oberpullendorf sehr schnell politisch erfolgreich. Als der Klostermarienberger Johann Glaser, bereits bis 1934 Abgeordneter, im Dezember 1951 sein Landtagsmandat zurücklegte, zog Kery in den Landtag ein und wurde stellvertretender Bezirksobmann. Er wurde Bildungssprecher seiner Partei und war auch Landesobmann der sozialistischen Lehrer.

Bildungspolitik als besonderes Anliegen

Die Schul- und Bildungspolitik war dem Lehrer Kery ein besonderes Anliegen. Während der gesamten Ersten Republik hatte das Burgenland als einziges österreichisches Bundesland ein konfessionelles Schulsystem im Pflichtschulbereich. Das war noch ein Teil des ungarischen Erbes. Im September 1938 wurde es durch den NS-Landeshauptmann Tobias Portschy per Erlass beseitigt. Die ÖVP wollte 1945 dieses Bildungssystem wieder einführen. Die SPÖ war, wie schon in der Ersten Republik, gegen dieses System, war sich aber der rechtlichen Problematik des Portschy-Erlasses bewusst. Erst das Konkordat von 1962 brachte hier eine endgültige Lösung.

Alle Bildungsindikatoren wiesen das Burgenland als Schlusslicht Österreichs aus. Kery wurde nicht müde, vom Land der „Schulschande" zu sprechen, eine Entlehnung aus der politischen Begrifflichkeit Ludwig Lesers. In einer Bilanz konnte Kery 1977 sagen: *„Unbestritten bleibt aber der Erfolg, dass heute im Burgenland eine selbstbewusste Generation herangewachsen ist, deren Ausbildungsstandard ihr die leidvolle Erfahrung ersparen wird, die noch ihre Väter machen mussten, wenn ihnen ganze Berufszweige allein aus dem Grund verschlossen blieben, weil ihnen in ihrer Jugend die Möglichkeit gefehlt hat, ihr Wissen zu mehren und eine ordentliche Schulung zu erhalten."* [4] Heute erreicht das Land, auf dieser damals gelegten Basis aufbauend, in vielen Bildungskennzahlen österreichische Spitzenwerte. Kery hatte inzwischen auch die Prüfungen zum Hauptschullehrer in den Fächern Mathematik, Physik, Biologie und Turnen abgeschlossen und unterrichtete ab 1951 an der Hauptschule Oberpullendorf. 1957 wurde er Bezirksschulinspektor in Mattersburg.

Nach der Nationalrats- und Landtagswahl 1953 begann für Theodor Kery der Aufstieg in der Landespartei. Er wurde Schriftführer im Klub der SPÖ-Abgeordneten, Sprecher von SPÖ-Anträgen im Landtag und löste schließlich den Ritzinger Tikovits im Bezirk als Parteivorsitzenden ab. Die Funktion des Bezirksparteiobmannes wurde zur Basis seiner späteren Karrieresprünge, die sich durch die Gunst der Stunde und durch verschiedene politische Konstellationen plötzlich auftaten. Einem solchen Zufall verdankte Kery 1960 z. B. die Position des Zweiten Landtagspräsidenten. Für diese Funktion war ursprünglich der Pöttschinger Gewerkschafter Heinrich Knotzer vorgesehen. Die sozialistische Partei befand sich damals in einem heftigen innerparteilichen Machtkampf. Nach dem nicht zufriedenstellenden Ergebnis der Landtagswahl 1960 sollte Alois Wessely abgelöst werden. Hans Wastl, zwar Neufelder aber zum Wesselyflügel zählend, wurde auf Druck von Bundesparteiobmann Bruno Pittermann zur allgemeinen Überraschung Landeshauptmannstellvertreter, Parteiobmann wurde dessen großer Gegenspieler Hans Bögl. Der südburgenländische Mandatar Alfred Weichselberger schaltete am schnellsten, als es darum ging, die durch die Rochade freigewordene Stelle des Zweiten Landtagspräsidenten zu besetzen und schlug Kery vor. Damit war die Entscheidung – ohne wesentliche Debatte – auch schon gefallen.

Die Landtagswahl am 10. April 1960 bedeutete also für Kerys politischen Aufstieg eine Weichenstellung. Diese Wahl fiel in eine Phase der Stagnation, der Krise und des Umbruchs in den beiden Großparteien. Das Wahlergebnis brachte quasi eine Pattstellung: 16 ÖVP, 15 SPÖ, 1 FPÖ. Die SPÖ konnte den Abstand zur ÖVP zwar verringern, blieb jedoch wieder nur an zweiter Stelle. Im Vorfeld zu dieser Wahl kam es zu der eben angesprochenen Auseinandersetzung zwischen Alois Wessely und Hans Bögl, die vorerst mit einem Pyrrhussieg Wesselys und der Abschiebung Bögls in den Nationalrat endete. Diese innerparteiliche Auseinandersetzung führte nicht zum Ende der politischen Karriere Bögls, sondern zu jener von Alois Wessely.

Die SPÖ war bis zum Beginn der 1960er Jahre eine ausgesprochene Klassenpartei. Mehr als zwei Drittel ihrer Mitglieder gehörten der Arbeiterschaft an. In keiner Landespartei Österreichs gab es einen solch hohen Arbeiteranteil. Der Frauenanteil war dagegen verschwindend klein. So gab es z. B. im Bezirk Oberpullendorf am Beginn der 1950er Jahre bloß 60 Frauen. 20 % der Mitglieder waren Bauern, Handels- und Gewerbetreibende. Der Anteil an öffentlich Bediensteten betrug kaum 4 % und ergab sich in erster Linie aus der Funktion als Regierungspartei. Der gesellschaftliche Wandel hat sich in der Parteistruktur nicht widergespiegelt. Erst mit der Gründung einer BSA-Organisation im Burgenland[5] Mitte der 1960er Jahre – bereits unter der Strategie von Fred Sinowatz – ist man bewusst auf diese gesellschaftliche Schicht zugegangen. Der SLÖ[6] hatte 1964 bloß 46 Mitglieder. Ressentiments gegenüber Intellektuellen waren und blieben innerhalb der Partei aber über eine lange Zeit beachtlich hoch. Akademiker in der Arbeiterkammer, in von den Sozialisten geführten Referaten in der Landesregierung oder bei Landesgesellschaften wie der BEWAG oder Gebietskrankenkasse waren ihre wenigen Repräsentanten[7]. Der klassische SPÖ-Funktionär war Vertreter der Arbeiterschaft im ÖGB oder in der Arbeiterkammer.

Die Öffnung der SPÖ in der Bundespolitik unter Pittermann mit einem neuen sozial-liberalen Parteiprogramm und einem Zugehen auf die katholische Kirche hatte im Burgenland keine Entsprechung. Zwei Exponenten, die keine Burgenländer waren, aber schon seit 1945 burgenländische Mandate im Nationalrat besetzten, hatten großen Einfluss auf die Landespartei: der Präsident des Gewerkschaftsbundes Johann Böhm, der Mentor Alois Wesselys, und Sozialminister Anton Proksch, der in Hans Bögl, Stefan Billes, Fritz Robak und Heinrich Knotzer starke Mitstreiter hatte. Beide waren Mitglieder des Landesparteivorstandes und konnten daher dort ihren Einfluss stark geltend machen. Mit dem Tod Böhms 1959 verlor Wessely allerdings seine stärkste Stütze und geriet daher in die Defensive.

Der Funktionärskader der ehemaligen sozialdemokratischen Partei war nach 1945, weil nach dem Parteiverbot 1934 viele ehemaliger Mandatare der unteren Ebene zur NSDAP übergetreten waren, ausgedünnt. So ist es nicht weiter verwunderlich, dass Männer wie Theodor Kery, Karl Krikler oder Hans Krutzler, um nur einige zu nennen, sehr rasch in die politische Führungsebene aufsteigen konnten. Alle drei waren als Lehrer völlig untypische SPÖ-Funktionäre.

Die politische Führungsspitze um Alois Wessely hatte den sich abzeichnenden sozialen und gesellschaftlichen Strukturwandel in den 1950er Jahren nicht erkannt und versucht, mit alten Rezepten für die neue Zeit Politik zu betreiben. Das Burgenland war das letzte österreichische Bundesland, das den Wechsel von der Agrar- zur Gewerbe-, Industrie- und später zur Dienstleistungsgesellschaft in den 1960er und 1970er Jahren durchmachte. Die sich daraus für die SPÖ ergebende Chance verpasste sie erstmals bei der Landtagswahl 1960, bei der mit einer Mehrheit gerechnet worden war.

„Für ein schöneres Burgenland"

Schon im Vorfeld dieser Wahl stand ein Rücktritt Wesselys im Raum, der jedoch aus Parteiräson noch verhindert wurde. Das wieder enttäuschende Wahlergebnis des 10. April 1960 brachte schließlich das politische Ende Alois Wesselys. Die spätere Nachfolgelösung, die durch Bruno Pittermann von außen aufgezwungen worden war, war zunächst ein schlechter politischer Kompromiss, der die Wahl Hans Bögls vorerst verhinderte. Wesselys Nachfolger wurde, wie bereits erwähnt, der Neufelder Hans Wastl, der, wie sich bald deutlich zeigte, der schweren Aufgabe seines Amtes nicht gewachsen war.[8] Kery trat bei der Konfrontation Bögl – Wessely vehement für eine Wiederwahl Wesselys ein, konnte sich aber nicht durchsetzen. Er verlor damit zwar seinen großen politischen Mentor, rückte aber dadurch in der Folge in die Rolle des „starken Mannes" der südlichen Fraktion auf.[9] Eine drohende Parteispaltung schien sich abzuzeichnen und musste mit allen Mitteln verhindert werden. Bundesparteiobmann Bruno Pittermann entschied in dieser schwierigen Situation in einer äußerst turbulenten Sitzung in Eisenstadt: Hans Bögl wurde zwar Landesparteiobmann, Hans Wastl aber Landeshauptmannstellvertreter, Heinrich Knotzer und Stefan Billes gingen als Landesräte in die Regierung. Billes besetzte neben dem Finanz- auch das Kulturreferat, in dem Bögl vorher einige beachtliche Akzente hatte setzen können. Von Billes kamen allerdings keine neuen Impulse, ja es war sogar symptomatisch, wie gering der Stellenwert der Kulturpolitik für die SPÖ damals war.[10]

Dass die getroffene Personenlösung keine Zukunft hatte, zeigte sich bereits zwei Jahre später. Nach der Nationalratswahl 1962 wurden Hans Wastl von Hans Bögl und Heinrich Knotzer von Theodor Kery in den Regierungsämtern abgelöst. Bögl wollte eine Aussöhnung mit dem Wesselyflügel erreichen.[11] Kerys Regierungsfunktion konnte daher als Kompensation für das Ausscheiden Wastls gesehen werden.
Im Hintergrund war bereits die Handschrift von Fred Sinowatz zu erkennen, ab 1961 Landesparteisekretär und nach dem Wahlerfolg 1964 Erster Landtagspräsident.[12] 1966 wurde er zum Weichensteller beim großen Wechsel an der Parteispitze. Zusammen mit Helmuth Vogl und Theodor Kery erarbeitete er das Programm „Für ein schöneres

Burgenland“, das dann auch zur Wahlplattform 1964 wurde. Damit wurde von einer Budgetpolitik des ständigen Fortschreibens, die keine neuen Akzente setzte, Abschied genommen und ein konzeptiver Weg einer zukunftsorientierten Landesplanung für das gesamte Land – angelegt auf die nächsten 20 Jahre – beschritten.[13] Der studierte Volkswirt Helmuth Vogl lieferte das finanzpolitische Rüstzeug für die Gestaltungsideen eines Sinowatz oder Kery. Vogl wurde als Baulandesrat zum Impulsgeber der burgenländischen Wirtschaft.

Landeshauptmann Theodor Kery und Bundesminister Dr. Fred Sinowatz, 1981

Schon 1961 griff der Historiker Sinowatz das 40-jährige Landesjubiläum auf, um ein neues Burgenlandbewusstsein zu initiieren, dessen erster Repräsentant später Landeshauptmann Kery wurde. Bereits 1960 hatte Sinowatz in einer großen Veranstaltung die Rolle Ludwig Lesers für die Partei nachgezeichnet, in bewusster Absicht den Intellektuellen Leser dem Pragmatiker Wessely gegenübergestellt. In beiden Fällen ging es Sinowatz darum, das historische Bewusstsein zu schärfen und die geistige Enge zu beseitigen. Die SPÖ sollte zur Trägerin eines modernen, aufstrebenden Burgenlandes mit Theodor Kery als Identifikationsfigur werden, ein Konzept, das lange Zeit aufging.

Die ÖVP hatte zunächst die Zeichen der Zeit früher als die SPÖ erkannt. Mit Josef Lentsch als Landeshauptmann, Reinhold Polster und Rudolf Grohotolsky wurde ein neues Team präsentiert. Man erwartete sich durch eine modernere Öffentlichkeitsarbeit und programmatische Diskussionen bessere Ergebnisse. Die vom Strukturwandel von einer Agrargesellschaft zur Gewerbe- und Industriegesellschaft negativ betroffene ÖVP konnte zunächst den Abwärtstrend zwar abschwächen, jedoch nicht umkehren. Die SPÖ wiederum, die bei der Nationalratswahl 1959 bis auf 1.200 Stimmen an die ÖVP herankam, hatte bei der Landtagswahl 1960 auf Grund ihrer überholten Politikauffassung diesen sie begünstigenden Strukturwandel nicht nützen können. Auch die Nationalratswahl 1962 brachte nicht das erwartete Ergebnis. Als Folge kam es zur schrittweisen personellen Umgestaltung an der Führungsspitze.

Der erste große Erfolg war zunächst am 22. März 1964 der Gewinn der Landeshauptmannposition mit dem Spitzenkandidaten Hans Bögl. Burgenland war damit das erste österreichische Bundesland, in dem es zu einem Wechsel der politischen Machtverhältnisse kam. Die Regierungsbildung gestaltete sich extrem schwierig und war auch einmalig. Erstmals gab es keine akkordierte Regierungserklärung zwischen den Regierungspartnern. 32 Stimmen wurden abgegeben. 15 Stimmzettel blieben weiß. Bögl wurde neben den 16 Stimmen der SPÖ mit der FPÖ-Stimme von Richard Rezar[14] zum Landeshauptmann gewählt. Bei der Verlesung der Regierungserklärung verließen die ÖVP-Abgeordneten den Sitzungssaal.

Kery rückte innerhalb der SPÖ nach Bögl in die zweite Position auf. Als Landesrat für das Sozial-, Wohnbau-, Sanitäts- und das Fremdenverkehrsreferat konnte er starke Akzente setzen. Als Landeshauptmann ab 1966 legte er sein ganzes politisches Gewicht auf die Referate Wohnbau und Fremdenverkehr.

Eine Mikrozensuserhebung des Statistischen Zentralamts (heute Statistik Austria) wies z. B. 1963 den Ausstattungsgrad der österreichischen Wohnungen aus. Das Burgenland lag absolut an letzter Stelle. Es gab bloß 9 % gut ausgestattete, aber mit 49 % die meisten schlecht ausgestatteten Wohnungen. 54 % der burgenländischen Häuser stammten aus der Zeit vor 1919. Kery setzte seinen ganzen Ehrgeiz darein, wenigstens den Anschluss an das übrige Österreich zu schaffen. 25 Jahre sozialistische Wohnbaupolitik brachten das Burgenland an Österreichs Spitze. Für Kery waren gute Wohnverhältnisse neben Gesundheit, Bildung, sozialer Ordnung und Chancengleichheit wesentliche Vorbedingungen für das persönliche Glück und Ausdruck „sozialistischer Politik“. Natürlich passierte es auch, dass im Geist des vorherrschenden „Modernismus“ viele wertvolle Kulturgüter und Ensembles in unseren Dörfern verloren gingen. Die unter Landesrat Gerald Mader später vorangetriebene Kulturoffensive versuchte gegenzusteuern.

Die Chance, die ein ausgebauter Fremdenverkehr für das Land bedeutete, wurde klar erkannt. Am ersten burgenländischen Fremdenverkehrstag legte Kery 1965 sein Konzept zur Diskussion vor. Es reichte vom forcierten Ausbau der Infrastruktur über den Ausbau der See- und Heilbäder bis zur Förderung des Kulturtourismus durch die Burgspiele Forchtenstein und die Seespiele Mörbisch. Angekurbelt wurde vor allem der Ausbau von Schwimmbädern bzw. Schwimmteichen.

Festakt im Haydn-Saal des Schlosses Esterházy mit Überreichung der Stiftungsurkunde

Ambitioniertes Schulbauprogramm

Einen zentralen Punkt nahm für Kery das Bildungswesen ein. Das burgenländische Schulsystem war durch lange Zeit von der ungarischen Vergangenheit geprägt. Es waren „niederorganisierte“ Volksschulen in oft desolaten Räumen. Bestimmender Faktor für Lehrpläne und LehrerInnenanstellungen waren die Konfessionen. So gab es in manchen Städten wie z. B. Oberwart vier Volksschulen: eine römisch-katholische, eine evangelische AB, eine evangelische HB und eine israelitische Volksschule. Die LehrerInnenbildung war ebenfalls konfessionell bestimmt, für die KatholikInnen in Mattersburg bzw. Steinberg und für die ProtestantInnen in Oberschützen. An weiterführenden Schulen gab es einige Hauptschulen und zwei Gymnasien in Eisenstadt und Oberschützen. Die Regel für burgenländische SchülerInnen war der 8-jährige Besuch einer Volksschule, meistens ganz unabhängig von der vorhandenen Begabung.

Für Kery waren der Abbau der Volksschuloberstufe und der Ausbau von Hauptschulen an zentralen Standorten wesentliche Anliegen. Aus Zwergschulen sollten zentrale, höher organisierte Volksschulen an geeigneten Standorten entstehen. Was vorerst noch als Utopie gesehen wurde, war die Errichtung von mindestens einer zur Matura führenden höheren Schule in jedem Bezirk. Die MaturantInnenzahl des Burgenlandes lag hinter der aller anderen Bundesländer. Ein sehr umfassendes und auch großzügiges Schulbauprogramm sollte die Basis für eine gediegene Ausbildung schaffen. Es gelang auch, den Bund von der Notwendigkeit dieser Bildungsexpansion zu überzeugen. Ab 1971 hatte das Burgenland mit Unterrichts- und Bildungsminister Sinowatz einen starken Vertreter und Kämpfer für seine Anliegen in der Bundesregierung. In dieser Phase kam es zum forcierten Ausbau des berufsbildenden höheren Schulwesens mit entsprechenden Schulformen in Neusiedl, Eisenstadt, Mattersburg, Oberpullendorf, Pinkafeld, Stegersbach und Güssing.

Mit einem gewissen Stolz konnte Kery 1977 daher sagen: *„Ich stehe nicht an, zuzugeben, dass ich immer wieder sehr gerne auf die Entwicklungen des burgenländischen Schulwesens verweise, wenn es darum geht, die Aufwärtsentwicklung unseres Landes zu dokumentieren. Zunächst habe ich als Lehrer ein persönliches Interesse am Schulwesen. Aber auch aus der logischen Notwendigkeit heraus, dass nur eine zureichende und adäquate Ausbildung die gesunde Grundlage für den besseren Standard, für die menschlichen Lebensbedingungen bildet.“*[15] Während das Burgenland früher Maurer, Zimmerer und Hilfsarbeiter exportierte, sind es heute bestens ausgebildete junge Menschen, denen alle Lebenschancen offenstehen. Aus einem „Land der Schulschande“ ist heute ein Vorzeigeland auf dem Bildungssektor geworden. Die Grundlagen dafür wurden in den Jahren unter Landeshauptmann Kery gelegt.

Das Burgenland gehörte zur Gänze der „Ostregion“ an, die durch die Lage am Ostrand der westlichen Welt, am „Eisernen Vorhang“, bis 1989 strukturell stark benachteiligt war, und wurde daher 1995 als Ziel 1-Gebiet der EU-Förderung anerkannt. Die sozialistischen Forderungen nach Betriebsansiedlungen, dem Ausbau des regionalen und überregionalen Straßennetzes, dem Ausbau der Infrastruktur in der Wasserver- und -entsorgung, der Müllentsorgung und die Errichtung einer eigenen Energiegesellschaft – die Versorgung mit Strom war noch als letztes Erbe der NS-Zeit auf die STEWEAG im Süden und die NEWAG im Norden aufgeteilt – oder die Errichtung eines eigenen Landesstudios des ORF, alle diese Forderungen trafen nicht nur die Interessen und den Zuspruch breiter Bevölkerungsschichten, sondern waren Basis für die Entwicklungen ab Mitte der 1990er Jahre.

„Die Zeit der Improvisation als berechtigtes Mittel zur Bewältigung dringender Augenblicksprobleme geht zu Ende.

Fred Sinowatz

Es war vor allem Fred Sinowatz, der den Wechsel zwischen Bögl und Kery in der Funktion des Landeshauptmannes plante und durchführte. Um die neu entstandene Aufbruchsstimmung für die SPÖ zu nutzen, musste auch ein Wechsel an der Parteispitze und im SPÖ-Regierungsteam erfolgen. Unmittelbarer Auslöser war das enttäuschende Wahlergebnis der Nationalratswahl am 6. März 1966, bei der die ÖVP wieder eindeutig die Nummer 1 im Land wurde. Die Bundes-SPÖ war durch die Olah-Krise und die sogenannte „Fussachaffäre“ in ein schweres Dilemma geraten, das sich auch auf die burgenländische SPÖ ausgewirkt hatte, da der ehemalige ÖGB-Präsident und Innenminister Franz Olah im Lande viele Anhänger hatte.

Nicht nur eine neue Politikergeneration rückte an die Spitze, die SPÖ als klassische Arbeiterpartei wandelte sich zunehmend zu einer offenen, linksliberalen, sozialen Volkspartei. Mit Fred Sinowatz und Helmuth Vogl gehörten zwei Akademiker und mit Theodor Kery ein Hauptschullehrer dem SPÖ-Regierungsteam an. Kery befand sich im 48., Sinowatz im 37. und Vogl im 38. Lebensjahr. Auf Gesellschaftsschichten, die vorher von der SPÖ ignoriert wurden, ging man bewusst zu.

Hans Bögl, der klassische Typ eines Arbeiterfunktionärs, der seine ersten politischen Erfahrungen in der Ersten Republik, im Bürgerkrieg und in der Zeit der Illegalität gemacht hatte, wollte Sinowatz als Nachfolger, stellte sich aber schließlich der akkordierten Lösung mit Kery als künftigen Spitzenmann nicht in den Weg.[16] Sinowatz wechselte vom Landtagspräsidium in die Regierung, die Funktion des Klubobmannes übernahm er von Kery und den Parteiapparat dirigierte er weiter als Landesparteisekretär. Karl Krikler wurde statt Sinowatz Landtagspräsident.

In der Landtagssitzung am 28. Juni 1966 wurde Kery schließlich mit den Stimmen aller Parteien zum Landeshauptmann gewählt. Der Landeshauptmann wurde zur Symbolfigur des neuen Burgenlandbewusstseins. In sogenannten „Burgenlandtreffen", einer Mischung aus Parteiveranstaltung und Volksfest, sollte das neue Burgenland-Image mit der SPÖ verbunden werden. Diese Entwicklungsphase hatte damals auch eine Entsprechung auf Bundesebene. Bruno Kreisky gelang es, zunächst in Niederösterreich und ab 1970 in der Bundesregierung, die SPÖ als moderne, offene, linksliberale und soziale Reformpartei zu positionieren. Die Kreisky-Ära hat die Entwicklung des Burgenlandes begünstigt und verstärkt. So war es auch kein Zufall, dass Fred Sinowatz 1983 Kreisky-Nachfolger wurde.

Die Landtagswahl am 24. März 1968 bestätigte die Richtigkeit der getroffenen Entscheidungen und brachte eine überzeugende Akzeptanz der SPÖ. Sie erreichte erstmals in ihrer Geschichte eine absolute Mehrheit an Stimmen und Mandaten. Auf dieser Basis aufbauend, erreichte die SPÖ mit Kery als Spitzenkandidat bis 1987 absolute Mehrheiten. Die SPÖ mit Landeshauptmann Kery regierte dieses Land länger mit absoluter Mehrheit, als es in der Ersten Republik existiert hatte.

Absolute Mehrheiten für die SPÖ

Aus einem ÖVP-Vorsprung von 12,2 % 1949 wurde ein Rückstand von 0,9 % 1964, der bis 1982 sogar auf 10,2 % anwuchs. Ein Protestwählerpotential war praktisch nicht vorhanden, die FPÖ schrumpfte – mit Ausnahme der Wahl 1972, bei der sie durch die damalige Wahlarithmetik begünstigt wurde – zur Bedeutungslosigkeit. Demokratiepolitisch war diese Entwicklung nicht unproblematisch, weil jede Kontrollinstanz fehlte. Der Landtag wurde formal zu einem Instrument der Regierung, das den Regierungsvorlagen die Rechtsgrundlage schuf. Die tatsächlichen politischen Entscheidungen fielen in einem sehr engen Kreis. Die zwei Großparteien hatten sich ihren Einflussbereich klar aufgeteilt. Oder wie es Theodor Kery formulierte: „Die Konkordanz- oder Proporzdemokratie neigt zu Junktimierungen und Tauschgeschäften." Diese Parteienkonkordanz dauerte etwa bis 1982. Die Diskussion um eine neue Landesverfassung, die aus der Streitfrage um die Handhabung der konkreten politischen Macht[17] entstand, störte immer öfter diese Eintracht. Es waren weniger Sachfragen als Personalbesetzungen, die Konflikte schufen. Dennoch gelang es sogar in der sehr schwierigen Esterházy-Frage, eine für beide Teile befriedigende Lösung zu erreichen und die gegenseitige Blockadepolitik zu beenden. Trotz großer Fortschritte geriet das Burgenland allerdings ab 1982 immer häufiger negativ in die Schlagzeilen.

Den großen Leistungen und Erfolgen von Sinowatz Rechnung tragend, wurde er nach den Nationalratswahlen 1971 in das Kabinett Kreisky II als Bundesminister für Unterricht, Kunst und Sport berufen. Sein Nachfolger in der burgenländischen Landesregierung wurde Gerald Mader. Sinowatz blieb dem Burgenland als Mitglied des Parteivorstands und der Funktion des Landesparteisekretärs verbunden. Geschäftsführender Landesparteisekretär wurde Karl Stix. Kery wurde Klubobmann, Karl Stix war auch hier Geschäftsführer. Es entstand die Polittrias Kery – Sinowatz – Stix. Die wichtigsten Parteientscheidungen in den nächsten 15 Jahren gingen von dieser aus. Zu diesem Machtdreieck stießen fallweise die Landesräte Vogl und Mader.

Wie nah Hoch und Tief in der Politik zusammenliegen können, zeigen die Jahre 1982 und 1983. In den größten politischen Wahlerfolg der SPÖ mischten sich bereits Misstöne. Die Wahlbeteiligung sank und Protestwähler stärkten die FPÖ stimmen- aber nicht mandatsmäßig. Auf dem Bundesparteitag 1982 stellte Josef Cap Kery die drei berühmt gewordenen Fragen nach seinem Einkommen als Landeshauptmann, nach seinen Waffen und nach dem verbilligten Strombezug. Damit war das Feld für die folgenden Medienattacken aufbereitet. Im Burgenland gab es mit dem wirtschaftskriminellen Fall der Wohnbaugenossenschaft Ost (WBO) durch den ÖVP-Abgeordneten Ernst Rauchwarter, bei dem krampfhaft versucht wurde, Kery wenigstens eine Mitschuld zuzuschieben, eine Fortsetzung. 1983 stürzten schwere Angriffe durch die Wiener Medienlandschaft die SPÖ in die ärgste Krise. Kery wurde zum „roten Fürsten", auf dessen Hof sich eine dekadente „feudale Gesellschaft" tummelte. Die frustrierte Vorsitzende des SPÖ-Klubs Ottilie Matysek, die sich nach Maders Rücktritt vergeblich Hoffnungen auf dessen Posten machte, goss zusätzlich Öl ins Feuer. Es entstand durch das mediale Trommelfeuer ein schreckliches Sittenbild der SPÖ Burgenland, das letztlich 1987 zum Wahlmisserfolg und zum Rücktritt von Landeshauptmann Theodor Kery führte.

Eine objektive Beurteilung der Leistungen des Politikers Theodor Kery ist bis heute unterblieben. Er trat seit seinem Rücktritt nicht mehr öffentlich auf und starb gekränkt und verbittert am 9. Mai 2010. Begraben liegt er in Mattersburg.

Anmerkungen

1 Ödenburger Zeitung, 14. November 1918, Ruhestörungen in Répcekeszthely

2 Feymann, Walter: Die langen Schatten der Vergangenheit. Oberwart 2015, S. 353

3 Feymann, Walter: Burgenland. Geschichte, Kultur und Wirtschaft in Biographien. Theodor Kery. Eisenstadt 1993, S. 56

4 Feymann, Kery, S. 66

5 Bund sozialdemokratischer Akademiker, Intellektueller und Künstler

6 Sozialdemokratischer LehrerInnenverein Österreichs

7 siehe dazu Feymann, Die langen Schatten, S. 47f

8 Feymann, Walter: Burgenland. Geschichte, Kultur und Wirtschaft in Biographien. Fred Sinowatz, Eisenstadt 1999, S. 117

9 Feymann, Kery, S. 71

10 Feymann, Sinowatz, S. 104f

11 BF Online vom 15.12.1962

12 Feymann, Sinowatz, S. 114

13 Die Wahlprogramme der SPÖ waren eine Ansammlung von Vorhaben und haben sich nur auf die von den Sozialisten verwalteten Ressorts bezogen!

14 Vater des ehemaligen Landesrats Dr. Peter Rezar

15 Feymann, Kery, S. 84

16 Feymann, Sinowatz, S. 160f.

17 In der Regierung besetzte die ÖVP 3 Mandate wie die SPÖ. Das Dirimierungsrecht des Landeshauptmannes wurde durch den Auszug der ÖVP-Regierungsmitglieder verhindert. Im Landtag stand es 20 SPÖ zu 16 ÖVP Mandaten. Die Landesverfassung 1982 hat daher eine ungerade Mitgliederzahl (7) in der Regierung vorgesehen.

Wolfgang Kery

Mein Vater

Vorweg – ich bin unendlich stolz auf die geleistete Arbeit meines Vaters für das von ihm so geliebte und geschätzte Burgenland. Immer wieder schwärmte er von unserem Burgenland, in dem so fleißige und großartige Menschen leben. Seine Sehnsucht, Kindergärten, Schulen, Spitäler, Kulturzentren zu errichten, war sein politisches Credo. Den Burgenländerinnen und Burgenländern ein menschenwürdiges Leben zu bieten war sein Antrieb und hat sein politisches Denken beflügelt. Natürlich hat jede Medaille zwei Seiten. Allmählich teilt man den Vater, den Freund, den Spielkameraden mit vielen Menschen. Mit dieser Situation musste man als Kind erst fertig werden. Da ging es einem plötzlich ab, dass der Vater mit einem den Christbaum holen ging. Da fehlte einem auf einmal der Tischtennispartner. Da wird einem klar, wer einem das Schwimmen lehrte, wer einem das Schachspiel beibrachte, wer einem Mut zusprach beim Turmspringen oder in Kroatien im Urlaub beim Felsenspringen. Wenn ich meinen Vater gebraucht habe, war er da und hat uneingeschränkt zu mir gehalten.

Der Vater hat uns, meinen beiden Schwestern Klara, Eva und mich, das Selbstbewusstsein gelehrt. Der Satz „Habe vor allen Menschen Achtung, aber keine Hochachtung" hat sich bei mir eingeprägt. Diese gemeinsamen Gespräche hat es bei unseren Wochenendwanderungen in Dörfl (Burgstall), auf dem Pauliberg, zur Ruine Landsee gegeben, wenn es seine Zeit zuließ. Schon als Abgeordneter in den frühen Fünfzigerjahren und als Landesrat in den Sechzigerjahren nahm er mich zu vielen Gemeindebesuchen mit. In Erinnerung ist mir noch, als ich 1957 als achtjähriger Bub den damaligen Bundespräsidentschaftskandidaten Dr. Adolf Schärf bei einer Wahlveranstaltung in Oberpullendorf vor tausenden Leuten mit einem Gedicht begrüßen durfte. Präsent sind mir auch die Abende, an denen meine Mutter, meine Großmutter, meine Schwestern und ich vor dem Radio bzw. später vor dem Fernsehapparat die Wahlergebnisse erwarteten.
Ich denke trotz allem, ein Politikerkind zu sein unterscheidet einen nicht von Kindern anderer engagierter Väter und Mütter. Man braucht es nicht überzubewerten, denn alles hat seine Zeit und schließlich wird man ja erwachsen und hat die Möglichkeit über seine Kindheit nachzudenken. „Blut ist kein Wasser", deshalb bin ich meinen Eltern sehr dankbar, von beiden etwas mitbekommen zu haben. Vom Vater die Konsequenz und von der Mutter die Herzensgüte. Mein Vater wurde beinahe 92 Jahre alt und ist doch zu früh von mir, von uns gegangen.

Beate Pauer-Zinggl

Eugen Horvath – Pionier und Macher

Eugen Horvath, ein Mann der ersten Stunde der Burgenlandstiftung – Theodor Kery. Seine Lebensgeschichte ist die Verwirklichung des „amerikanischen Traums" mitten im Burgenland, angereichert mit großem Sinn für soziale Gerechtigkeit, wirtschaftlichem Weitblick und kulturellem Engagement.

Geboren am 5. April 1920 war Eugen Horvath das sechste und jüngste Kind, die Familie lebte in relativ armen Verhältnissen in Eisenstadt. Die triste wirtschaftliche Situation der Nachkriegszeit des Ersten Weltkrieges prägte sein Umfeld, in der es das heutige Burgenland noch nicht gab. Der tägliche Überlebenskampf dominierte, der Vater war oft arbeitslos und die Mutter erzeugte in Heimarbeit Strickwaren. Es war erstes Ziel der Eltern, den Kindern eine bessere Zukunft zu ermöglichen. Alle sollten einen Beruf erlernen. Dem jungen Eugen fiel das Lernen sehr leicht. Er sollte Lehrer werden. Da sich die Familie die Internatskosten nicht leisten konnte, musste er einen anderen Beruf erlernen.
Buchdrucker und Schriftsetzer war der Lehrberuf seiner Wahl. Sein Lehrherr behandelte Eugen Horvath gut. Durch den Kontakt mit anderen Lehrlingen wurden ihm die guten sozialen Verhältnisse seines Ausbildungsbetriebes bewusst gemacht, die arbeits- und sozialrechtlichen Ungerechtigkeiten, unter denen andere Lehrlinge zu leiden hatten, wurden offensichtlich. Sein Gefühl für soziale Gerechtigkeit erwachte und ließ ihn sein ganzes Leben lang nicht mehr los. Der Lehrling Eugen Horvath engagierte sich bei der Gewerkschaftsjugend. Sein Ziel: die Situation der Lehrlinge zu verbessern.

Im Jahr 1939 begann Eugen Horvath bei der „Eisenstädter Elektrizitätswerke AG" zu arbeiten. Der erste Kontakt zu einem wichtigen Schwerpunkt in seinem folgenden Leben: die Elektrizitätswirtschaft. Doch ehe er seine Karriere in der Elektrizitätswirtschaft richtig beginnen konnte, wurde er zum Kriegsdienst einberufen. Nach Kriegsende kehrte er aus amerikanischer Gefangenschaft nach Eisenstadt zurück und nahm seine Arbeit beim Nachfolgeunternehmen seines ehemaligen Arbeitgebers, der NEWAG, wieder auf. Er stieg zum Betriebsratsobmann auf und auch in dieser Funktion engagierte er sich nicht nur für die Verbesserung der sozialen Verhältnisse, sondern versuchte, wirtschaftlichen Aufschwung für das Burgenland zu ermöglichen.

Sein Pioniergeist und sein unbeugsamer Wille, die Verhältnisse im Burgenland zu verbessern, sind untrennbar mit der Geschichte der Energiewirtschaft in diesem Land verbunden. Er kämpfte gemeinsam mit einigen Mitstreitern für die Schaffung einer eigenen Landesgesellschaft für das Burgenland. Als er erkannte, dass der Entwurf des Zweiten Verstaatlichungsgesetzes (1947) eine eigene Landesgesellschaft für das Burgenland nicht vorsah, mobilisierte er die Landespolitik. Diese setzte sich über alle Parteigrenzen hinweg für das Anliegen von Eugen Horvath ein, da er sie davon überzeugen konnte, dadurch wirtschaftlichen Aufschwung und Investitionen im Burgenland möglich machen zu können. Es sollte bis 1958 dauern, ehe eine burgenländische Landesgesellschaft gegründet wurde. Auch danach gab es noch einige Jahre Streitigkeiten mit den Vorgängerunternehmen NEWAG und STEWEAG sowie zwischen Bund und Land Burgenland, da die rechtliche Situation für die neu gegründete BEWAG äußerst unsicher war.

Eugen Horvath mobilisierte in dieser Zeit große Teile der BEWAG-Belegschaft. Sie wollten mit allen rechtlich zulässigen Mitteln für ihr Unternehmen und das Burgenland kämpfen, nötigenfalls wollten sie die Arbeit niederlegen. Es zeichnete Eugen Horvath aus, dass er Menschen dazu bewegen konnte, für eine gemeinsame Sache einzustehen. Sie hatten gemeinsam Erfolg und ermöglichten ein ehrgeiziges Elektrifizierungsprogramm für das Burgenland. Das war die Basis für die Ansiedlung von Betrieben und die Steigerung der Lebensqualität in einer wirtschaftlich schwachen und vom Eisernen Vorhang limitierten Region.
Der Grundstein für den wirtschaftlichen Aufschwung des Burgenlandes in den nächsten Jahrzehnten war gelegt. Eugen Horvath krönte seine Karriere in der Energiewirtschaft im Jahr 1966. Er wurde Vorstand „seiner" BEWAG.

Einsatz für das Burgenland – und die „Kerystiftung"

Seinen Einsatz für das Burgenland setzte er während seiner Managertätigkeit unermüdlich fort. Anlässlich des 10. Regierungsjahres von Theodor Kery versammelten sich unter der Federführung von Eugen Horvath einige Freunde des Landeshauptmannes zur konstituierenden Sitzung der „Burgenlandstiftung – Theodor Kery". Sein Sohn erklärte in einem Gespräch, dass Eugen Horvath aus heutiger Sicht ein herausragender Netzwerker war. Dieses Netzwerk nutzte er, um für das Burgenland zu wirken. Er holte wichtige Persönlichkeiten an Bord, um gemeinsam mit ihnen die Burgenlandstiftung – Theodor Kery ins Leben zu rufen.

Mehr als 200 Personen konnte Eugen Horvath motivieren, einen größeren Beitrag für die Burgenlandstiftung – Theodor Kery zu leisten. Zusätzlich mit der Unterstützung tausender Kleinspender kam ein Stiftungskapital von mehr als 10 Millionen Schilling zustande. In einem Interview mit Feri Tschank anlässlich „50 Jahre BEWAG" meinte Eugen Horvath, dass ihn die Liebe zum Burgenland und seinen Menschen ein Leben lang angetrieben habe. Sein Erfolgsgeheimnis erklärte er so: „Man muss in jedem Menschen den Freund suchen, und das ist mir gelungen. Und durch diese Freundschaft war es möglich, Helfer zu finden, die Verständnis für unser Land aufgebracht haben."

Als Stiftungszweck der Kerystiftung wurde die Förderung von Wissenschaft, Forschung, Kunst, Sport und Sozialem festgelegt. Darüber hinaus sollten auch besondere Leistungen und Arbeiten auf kulturellem, sportlichem und sozialem Gebiet durch die Erteilung von Forschungsaufträgen und die Vergabe von Beiträgen gefördert werden. Das Spektrum der Burgenlandstiftung – Theodor Kery spiegelte ein wenig die Persönlichkeit von Eugen Horvath wider. Neben seinem Engagement für einen wirtschaftlichen Aufschwung des Burgenlandes waren ihm Kultur, Sport und Soziales ein besonderes Anliegen.

Tausendsassa und starke Persönlichkeit

Die persönliche Schaffenskraft von Eugen Horvath war unerschöpflich. Er managte nicht nur die Energiewirtschaft, sondern mischte auch im Sport kräftig mit. Untrennbar ist sein Name etwa auch mit dem Erfolg des SC Eisenstadt verbunden. Eugen Horvath war Gründungsmitglied, schaffte es, den Verein aus der Schutzgruppe in die Bundesliga zu führen und war viele Jahre als Präsident des Fußballvereines tätig.

Ein weiteres Herzensanliegen von Eugen Horvath war die Revitalisierung von Burg Lockenhaus. In den 1970er-Jahren lernte er die damalige Burgherrin, Margarethe Keller, kennen. Nach dem Tod ihres Mannes kam die Renovierung der baufälligen Gemäuer ins Stocken. Eugen Horvath erkannte das Kulturjuwel und setzte viel Energie daran, die Sanierung der Burg zu ermöglichen. Margarethe Keller errichtete 1980 die Paul Anton Kellerstiftung, in die sie Burg Lockenhaus einbrachte. Eugen Horvath als Vizepräsident der Stiftung führte die Geschäfte und nutzte seine vielfältigen Kontakte, um die Mittel für die Renovierung aufzubringen. Alljährlich findet in den Räumlichkeiten von Burg Lockenhaus die Verleihung der Preise der Burgenlandstiftung – Theodor Kery statt.

Jene, die Eugen Horvath persönlich kannten, würdigen seine Persönlichkeit. Er war nicht immer diplomatisch, meinte Fred Sinowatz in einer Festschrift anlässlich des 75. Geburtstages von Eugen Horvath, sondern verfolgte seine Ziele beharrlich und ließ sich von seinen Vorhaben nicht abbringen. Doch er bewies mit seinen Handlungen Mut und Weitblick. Der wirtschaftliche Aufschwung des Burgenlandes wäre ohne Eugen Horvath in dieser Zeit und in dieser Form nicht möglich gewesen.

Sein Engagement für das Burgenland überdauert Jahrzehnte, nicht ausschließlich, aber im Besonderen durch das Wirken der Burgenlandstiftung – Theodor Kery.

Beate Pauer-Zinggl, Karin Perner

Daten. Fakten. Ergebnisse

Die Burgenlandstiftung – Theodor Kery unterstützt die Entwicklung im Burgenland auf vielfache Weise. Sie dankt für außergewöhnliche Leistungen, sie holt Menschen vor den Vorhang, sie trägt ganz allgemein durch ein zukunftsgerichtetes Denken zu einer (öffentlichen) Bewusstseinsbildung bei. Damit verändert sie das Land. Vor allem aber ermöglicht sie. Sie fördert mit ihren Möglichkeiten Ideen, bringt Projekte voran und hilft, wenn Hilfe gebraucht wird. In welchen Dimensionen das in den letzten Jahren geschehen ist, zeigen einige bemerkenswerte Ergebnisse aus der Analyse der Stiftungs-Datenbank.
Diese Grafik stellt die Verteilung der Fördermittel der Stiftung dar. Seit 1976 wurden nominell 2,78 Mio. Euro an Fördergeldern ausgeschüttet – in heutigen Preisen stellt dies ein Fördervolumen von rund 4,5 Mio. Euro dar.

Grafik 1: Fördervolumen nach Bereichen

Knapp die Hälfte der Unterstützung wurde für den Sozialbereich und historischen Denkmalschutz verwendet. Die Stiftung leistete damit vor allem in ihren Anfangsjahren einen wichtigen Beitrag zum Ausbau der Infrastruktur (z. B. Ankauf von Rettungsautos) und Erhaltung von historischen Bauwerken (z. B. Burg Lockenhaus). Ebenso angeführt ist das Volumen der Ehrenpreise, welche zusätzlich zu den Kernbereichen der Stiftung vergeben wurden. Der wirtschaftliche Bereich ist bei der Verteilung von Fördermitteln nicht berücksichtigt, da dieser keine Gelddotierung aufweist.

Grafik 2: Anzahl der Preisträgerinnen und Preisträger nach Sparten

Das Diagramm stellt die ausgezeichneten Personen, Vereine und Institutionen nach Sparten dar. Im Vergleich mit der Grafik „Verteilung der Fördermittel" ist ersichtlich, dass Soziales und Literatur/Publizistik zu den stärksten Bereichen zählen. Wirtschaft und Kultur weisen die niedrigste Anzahl von PreisträgerInnen auf. Im Bereich Wirtschaft wurden nicht jedes Jahr Preise vergeben und im Bereich Kultur decken sich die Projekte teilweise mit den Bereichen Darstellende und Bildende Kunst.

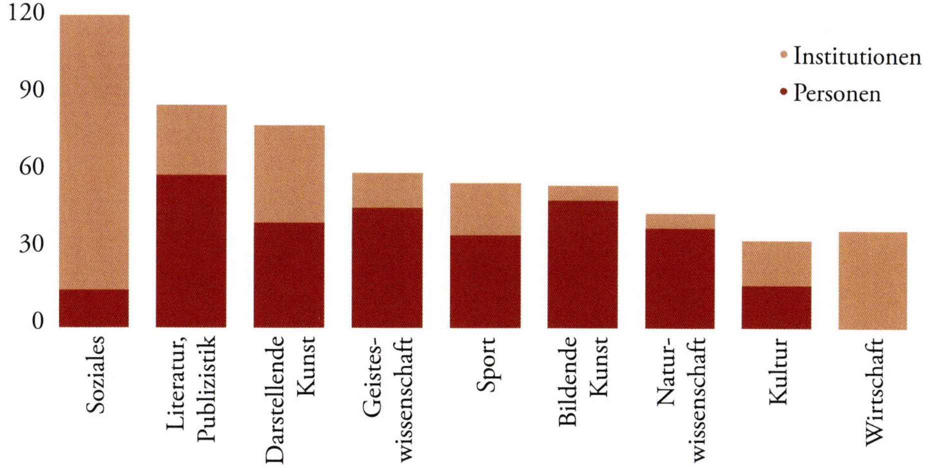

Grafik 3: Verhältnis zwischen ausgezeichneten Personen und Institutionen in den einzelnen Sparten

Die vorliegende Tabelle zeigt, dass seit Bestehen der Stiftung 592 Personen und Institutionen bzw. Vereine ausgezeichnet wurden. Das Verhältnis zwischen Personen und Institutionen/Vereinen liegt bei 50 : 50. Das Verhältnis innerhalb der Geschlechter zeigt: Rund zwei Drittel der Ausgezeichneten waren Männer, ein Drittel Frauen.

Mitglieder von Kuratorium und Beirat

1976

Mitglieder Kuratorium

- Präsident: GDir. Eugen Horvath
- Vizepräsident: Dr. Emmerich Haffner
- Vizepräsident: Dir. Emil Steiner
- Ernst Bittner
- KommR Hans Bleier
- Adolf Dax
- Dr. Gottfried Egermann
- Dr. Günter Engelbrecht
- Dir. Dipl.-Ing. Hermann Fister
- HR Dr. Reinhold Gschwandtner
- Josef Kurt Hembach
- Ludwig Himmler
- Dir. Dipl.-Ing. Dr. Friedrich Huber
- Dir. Dr. Heinrich Huber
- KommR Dir. Manfred Kadits
- Gen. Mil.-Kom. Josef Knotzer
- KommR Karl Markon
- Werner Mühl
- Josef Perger
- Wilhelm Portschy
- KommR Hans Purzler
- Karl Ramhofer
- Dipl.-Ing. Hans Ringauf
- DDr. Alfred Zipser

Mitglieder Beirat

- Vorsitzender: Mag. arch. Matthias Szauer
- Vors.-Stv.: Prof. Jenö Takács
- Vors.-Stv.: Gertraud Schober
- Prof. Herbert Alsen
- Prof. Hans Baldauf
- Anna Belajac
- Ing. Viktor Biricz
- HR Dr. Albert Dornhöfer
- Prof. Alfred Eisele
- Dr. Katharina Feymann
- Dkfm. Paul Fister
- Prof. Dipl.-Ing. Dr. Heinrich Hochrainer
- Univ.-Prof. Dr. Otto Hoffmann-Osterhof
- Dr. Otto Huber
- Rudolf Kedl
- Prof. Rudolf Klaudus

- Prof. Anton Lehmden
- Josef Meixner
- Karl Messner
- Erwin Moravitz
- Anni Pirch
- Dir. Dipl.-Ing. Dr. Josef Pratl
- Prof. Franz Probst
- Dr. Ludwig Popper
- Dkfm. Dr. Anton Rauter
- Univ.-Prof. Dr. Walter Schleger
- Dr. Günter Walenta
- Ing. Otto Wölfer

2016

Mitglieder Kuratorium

- Präsident: Mag. Michael Gerbavsits
- Vizepräsident: wHR Mag. Georg Pehm
- Vizepräsident: wHR Dr. Helmuth Reiter
- GenLt Friedrich Dialer
- KommR Stefan Dick
- Mag. Dr. Johann Gneist
- wHR Dr. Friedrich Gollubits
- KommR Dieter Graschitz
- KommR Ing. Johannes Horvath
- KommR Mag. Josef Kaltenbacher
- Sen.h.c. KommR Ing. Werner Kasztler
- Mag. Franz Klein
- KommR Dr. Alfred Kollar
- Mag.a Claudia Kreiner-Ebinger
- Peter Schmitl
- KommR Ing. Mag. Anton Schubaschitz
- Mag.a (FH) Daniela Schuster
- KommR Dir. Mag. Gerold Stagl
- Mag.a Sandra Steiner
- Mag. Christian Stiller
- LDir. Karlheinz Papst
- Mag.a Beate Pauer-Zinggl, MSc
- Mag. Heinz Robak
- Prok. Dir. Mag. Johann Teuschler
- wHR Mag. Klaus Trummer
- Dkfm. Dr. Horstmar Vogl

Mitglieder Beirat

- Vorsitzender: KommR Mag. Thomas Lehner
- Vors.-Stv.: LSI Erwin Deutsch, MAS MSc
- Julia Dujmovits
- Prof. Dr. Walter Dujmovits
- Silvia Freudensprung-Schöll
- Univ.-Prof. Dr. Lothar Fuith
- Prof. (FH) Mag. (FH) Dr. Roland Fürst, DSA
- Dr.in Andrea Grandits
- Karl Hofer
- Mag. (FH) Harald Horvath
- Mag. Gerhard Krammer

- Andreas Lang
- Mag. Sepp Laubner
- Dr. Helmut Löffler
- OA Dr. Karl Mach
- Wolfgang Millendorfer
- Prof. Harro Pirch
- Univ.-Prof. Dr. Manfred Schrödl
- Dr.in Gerlinde Stern-Pauer
- Nicole Trimmel
- LS-Präs. Mag. Heinz Josef Zitz
- Präs. Ing. Robert Zsifkovits

Die Geschäftsführer der Stiftung

- Dkfm. Dr. Horstmar Vogl
- GDir. Dipl.-Ing. Dr. Josef Pratl
- VDir. Sen.h.c. KommR Ing. Werner Kasztler
- VDir. KommR Ing. Mag. Anton Schubaschitz
- VDir. Ing. Mag. Hans Lukits
- Präs. VDir. Mag. Michael Gerbavsits

Die Präsidenten der Stiftung

- Gründungspräsident KommR Karl Markon 1976
- GDir. Eugen Horvath 1976–2002
- VDir. Ing. Mag. Hans Lukits 2003–2011
- VDir. Mag. Michael Gerbavsits seit 2011

Menschen hinter dem Vorhang

Es gibt großartige Initiatoren, wie zum Beispiel Eugen Horvath, die ein Projekt ins Leben rufen, und Personen, die bei öffentlichen Anlässen im Rampenlicht stehen. Meist unerwähnt bleiben jedoch jene engagierten Menschen, die sich hinter dem Vorhang um die Organisation und um das Tagesgeschäft kümmern. Bis ins Jahr 2004 war Irene Schleischitz für viele Jahre die gute Seele der Burgenlandstiftung – Theodor Kery. Sie organisierte den laufenden Betrieb – und das mit viel Einsatz.

Diese Aufgaben übernahm in der Folge Karin Perner. Sie wiederum sorgte mit großem Engagement für einige Neuerungen. Ihr letztes Projekt war die Überarbeitung der Homepage, die mit Ende 2015 der Öffentlichkeit präsentiert werden konnte. Unterstützt wird Karin Perner seit vielen Jahren von Isabella Neuditsch-Dreindl.

Diesen Personen gilt ein besonderer Dank. Die Burgenlandstiftung – Theodor Kery könnte ohne sie nicht auf ihre lange Erfolgsgeschichte zurückblicken.

Wirkungen. Erwartungen

Georg Pehm

Ein aufgestiegenes Land. Mit Zukunft

„Eßt mehr Neusiedler Salat!“ – Mit großem Nachdruck appellieren im Mai 1976 die Gemüsebauern aus dem nördlichen Burgenland an „alle Hausfrauen“. Und sie untermauern diese ihre Offensive mit schweren Argumenten: Immerhin wiege eines der 200.000 Salathäuptel, die täglich geschnitten werden, sagen sie, im Durchschnitt 25 bis 30 Dekagramm. Und das sei, bitte schön!, gleich um die Hälfte mehr als eine EG-Norm vorgibt. Ist überzeugend.

Dass im Burgenland beste (und wahrscheinlich noch immer größere ...) Salathäuptel als anderswo gezogen werden, wird wohl auch heute so sein. Geändert hat sich freilich das Bild vom Burgenland, das jenseits der Grenze ankommt. Augenscheinlich zunächst schon in ernährungstechnisch-kulinarisch-kultureller Hinsicht: Zum frugalen Grünsalat sind üppige Schmankerl-Potpourris, schwere Falstaff-prämierte Weine und kreativ komponierte Pralinen hinzugekommen. Zum Dorftheater die Kulturzentren und viel Festival-Glanz. Zum Burgenland-Bauernhaus mit Kukuruz-Gehänge moderne Technologiezentren, Thermenlandschaften und einige Architektur-Perlen.

Die zentrale Botschaft, die sich mit dem Blick auf die vergangenen 40 Jahre hier verbindet, ist eindeutig: Das Burgenland hat sich verändert. In vielerlei Hinsicht.

Positiv. Deutlich. Und nachhaltig.

Um diese Entwicklung darzustellen und zu belegen, sollen in diesem Beitrag einige Politik- und Wirtschaftsfelder exemplarisch hervorgehoben werden: etwa die Entwicklung bei Beschäftigung und Einkommen; vor allem der dynamische Wandel in den unterschiedlichen Bildungsbereichen und -ebenen; oder der gelungene Einstieg in den Ausstieg aus „alten“ fossilen und den Umstieg auf erneuerbare Energiequellen; nicht zuletzt die Anstrengungen, bei Forschung, Technologie und Innovation den „Gap“ zu anderen Regionen zu verkleinern. Letzteres ist ein Anliegen, dem die Burgenlandstiftung – Theodor Kery durch ihre Wissenschaftsförderung immer besonderes Augenmerk geschenkt hat.

Arbeitsplatz-Rekorde. Am laufenden Band

Einen der wichtigsten Handlungsstränge in der Aufstiegsgeschichte des Burgenlandes spielt die Entwicklung von Beschäftigung und Einkommen in den letzten 40 Jahren.

Am 12. Mai 1976 titelt die BF – Die Burgenlandwoche auf ihrer Aufmacherseite: „Weniger Arbeitssuchende, mehr Beschäftigte als im Vorjahr". Und in der Tat: Die Anzahl unselbstständig Beschäftigter nimmt – bis auf sechs aufeinanderfolgende Krisenperioden Mitte der 1980er Jahre – stetig zu. Verzeichnete das Burgenland für 1976 durchschnittlich 53.109 Beschäftigte über das Jahr, so waren es 2015 bereits 99.796. Damit verfehlt das Land zwar die magische Zahl von 100.000 Beschäftigten pro Jahr nur hauchdünn (wenngleich die Marke unterjährig, in den Sommermonaten, schon Jahre zuvor erstmals überschritten wurde), sie ist aber für die Charakterisierung der Burgenland-Story dennoch eines der aussagekräftigsten Merkmale. Obendrein macht der Vergleich ganz sicher: Denn der Zuwachs gegenüber der nationalen, bundesweiten Entwicklung fällt deutlich höher aus. Unbestritten ist: Vom Fall des Eisernen Vorhangs samt Ost-Öffnung und vom Beitritt Österreichs zur Europäischen Union samt spezieller Förderwürdigkeit profitiert das Burgenland in besonderer Weise. Da ist viel gelungen.

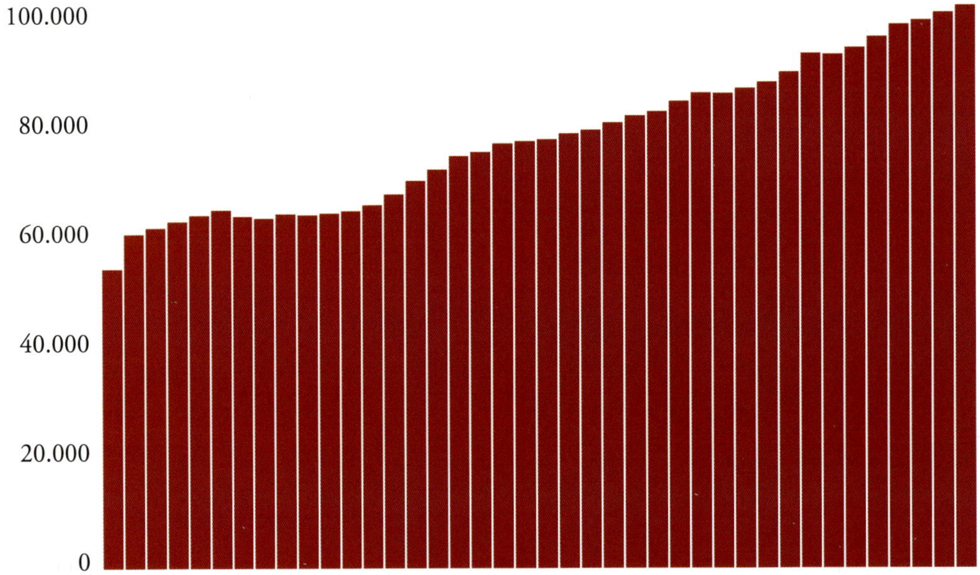

Grafik 4: Unselbstständig Beschäftigte im Burgenland, 1976-2015 (Quelle: Statistik Burgenland)

Natürlich, hinter der sehr positiven, plakativen Gesamtbeschäftigung liegen komplexere Phänomene, die eine besondere Betrachtung erfordern würden. Einerseits etwa die überdurchschnittlich – und erfreulich – wachsende Beschäftigung von Frauen, deren Erwerbsquote sich sukzessive jener der Männer annähert. Die Anzahl von Frauen, die einer unselbstständigen Beschäftigung nachgehen und über eigenes Einkommen verfügen, ist heute mehr als doppelt so hoch: Sie stieg von 22.257 Beschäftigten (1976) auf 47.033 im Jahr 2015.

Anderseits: Es steigt – bedauerlicherweise – auch die Arbeitslosigkeit. Trotz zunehmender Beschäftigung. Die Zeitungs-Headline von anno dazumal „Weniger Arbeitssuchende, mehr Beschäftigte" könnte heute so nicht mehr abgedruckt werden. Qualitative Aspekte, die sich aus überdurchschnittlichem Teilzeitjob-Wachstum, prekären Arbeitsverhältnissen oder wachsendem Mobilitätsdruck auf Arbeitnehmerinnen und Arbeitnehmer ergeben, einmal ausgeblendet, vermittelt zunächst schon die quantitative Analyse kein „Alles-heile-Welt"-Bild: Denn betrug die Anzahl arbeitsuchender Menschen im Jahr 1976 bei einer Arbeitslosenquote von 4,3 % insgesamt 2.395, so waren 2015 im Jahresdurchschnitt 10.263 Menschen ohne Arbeitsplatz (Arbeitslosenquote: 9,3 %). Also mehr als vier Mal so viele. Wirtschaftskrise, ein überdurchschnittlich wachsendes Arbeitskräftepotenzial durch die steigende Erwerbstätigkeit von Frauen, mehr Grenzgänger, höhere Zuwanderung und ein längerer Verbleib im Erwerbsprozess – all das zeigt Wirkung. Noch viel zu tun!

Gutes Wachstum, höhere Einkommen

Blicken die Burgenländerinnen und Burgenländer heute auf größeren Wohlstand? Auf höheres Einkommen? – Ja, eindeutig. Und zwar mit einem überdurchschnittlichen Wachstum. Vor allem Handel und Gewerbe, Tourismus und eine gute Entwicklung bei den Exporten „tragen" die steigende Wirtschaftsleistung. Ein deutlicher Unterschied zum Bruttoregionalprodukt (pro Kopf) zu anderen Bundesländern besteht zwar nach wie vor – der Trend stimmt aber. Und das Delta ist kleiner geworden.

Statistik Austria weist zuletzt (für die Jahre von 2001 bis 2013) in seiner regionalen volkswirtschaftlichen Gesamtrechnung für das Burgenland eine durchschnittliche jährliche Steigerung des Bruttoregionalprodukts von 3,2 % aus. Damit liegt das Burgenland hinter dem Bundesland Salzburg an zweiter Stelle und deutlich über dem österreichischen Durchschnitt des Wachstums von 2,8 %.

Noch viel dynamischer stellt sich die Entwicklung dar, wenn die Bruttojahresbezüge der Beschäftigten betrachtet werden – einschließlich jener rund 49.000 Pendlerinnen und Pendler, die ihren Arbeitsplatz außerhalb des Burgenlandes haben. Sie eingerechnet, verfügen die Burgenländerinnen und Burgenländer zwischen Kittsee und Kalch heute über die zweithöchsten Einkommen in Österreich. Weder Theodor Kery noch Fred Sinowatz noch irgendjemand anderer hätte eine derartige Prognose im Jahr 1976 auch nur annähernd für realistisch gehalten.

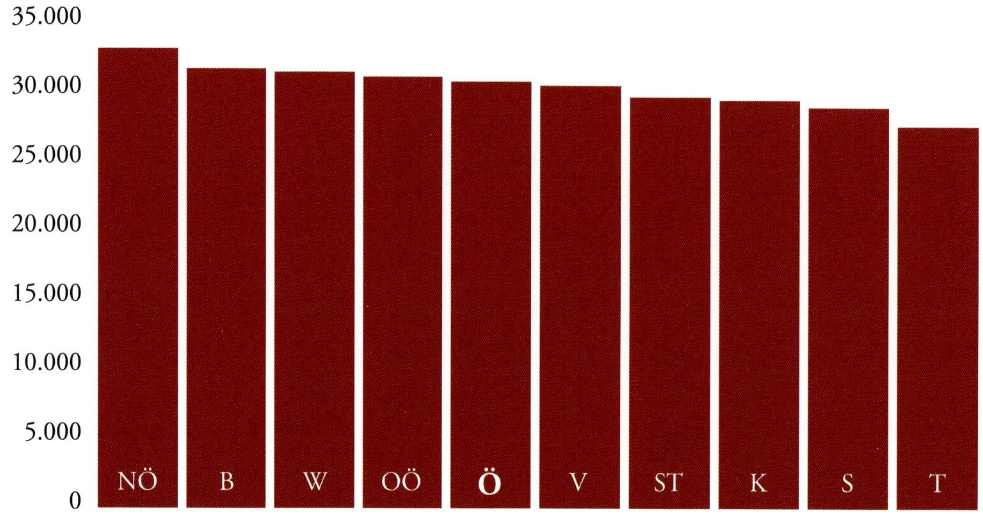

Grafik 5: Durchschnittliche Jahres-Bruttobezüge der Arbeitnehmerinnen und Arbeitnehmer im Jahr 2014 nach Bundesländern (Quelle: Statistik Austria, Lohnsteuerstatistik)

Im „Land der Häuslbauer“ mit einer jahrzehntelangen Fördertradition verpflichtet der Blick auf die Wohnentwicklung – und vermittelt besondere Ergebnisse: Wie Statistik Austria mit Volkszählungsdaten und auf Basis des Mikrozensus zutage bringt, leben heute neun von zehn Burgenländerinnen und Burgenländern in einem Haus (österreichweit: höchste Quote) und verfügen im Durchschnitt über 113,1 m² Wohnfläche (österreichweit: höchster Wert); und jene, die in Wohnungen leben, zahlen wiederum die niedrigsten Mieten – auch das belegt ein Vergleich zwischen allen Bundesländern.

Steile Erfolgskurve in der Bildung

„Burgenland mit der höchsten Maturantenquote!“ – Diese Tatsache, der nicht nur Menschen aus anderen Bundesländern oft mit einem ungläubigen „Wirklich?“ begegnen, steht plakativ für den enormen und gelungenen Aufholprozess im Bildungsbereich. Und zwar „Aufstieg“ in einem umfassenden Sinn verstanden – von der Kinderkrippe bis hin zu den Hochschulen.

In rund 290 Kinderbetreuungseinrichtungen (also: Krippen, Kindergärten, alterserweiterte Kindergärten, Horte) werden heute täglich insgesamt mehr als 10.000 Kinder aufgenommen. Bei den 3- bis 5-Jährigen nimmt das Burgenland österreichweit den klaren Spitzenplatz ein: Es wird (fast) jedes Kind betreut.

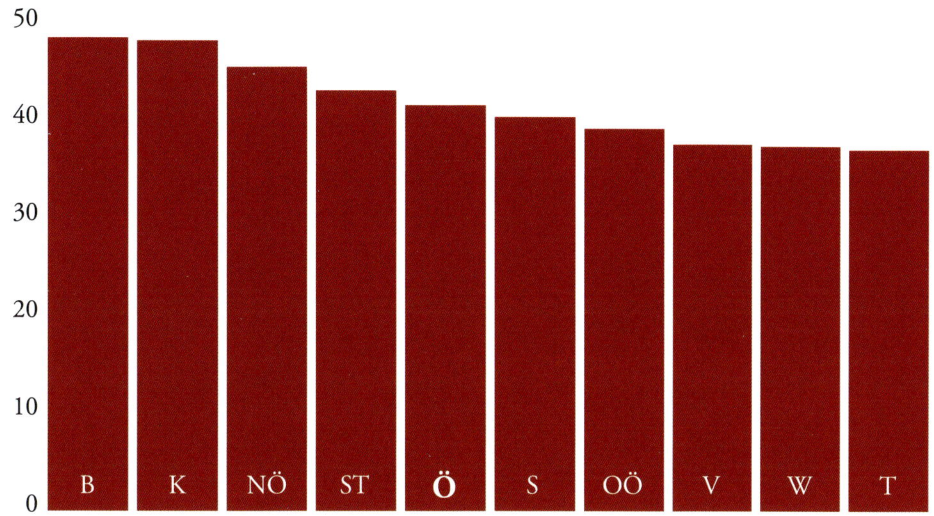

Grafik 6: Reifeprüfungsquoten nach Bundesländern, Durchschnitt der Jahre 2010-2014 (Quelle: Statistik Burgenland)

Wie SORA – Institute for Social Research and Consulting in einer gemeinsamen Studie mit der Fachhochschule Burgenland (2015) belegt, setzt das Burgenland seit den 1970er Jahren ganz allgemein eine exorbitante Expansion im Bildungsbereich um. Die Ergebnisse lesen sich Stakkato gleich so: stärkster Rückgang im Bereich von Menschen, die lediglich Pflichtschulabschluss vorweisen mit gleichzeitigem Anstieg der Absolventinnen- und Absolventenanteile aller Schulformen, insbesondere der berufsbildenden Schulen. Höchster Anteil von Schülerinnen und Schülern in BHS und AHS mit – in der Folge – höchster Maturaquote: Praktisch jede/r zweite der 18-/19-jährigen Bevölkerung (2013: 47 %) hat eine Reifeprüfung abgelegt. Anstieg der AHS/BHS-Absolventinnen und -Absolventen um das Dreieinhalbfache (österreichweit hat sich dieser Wert im selben Zeitraum lediglich verdoppelt). Überdurchschnittlich hohe Studierendenquote allgemein; deutlich überdurchschnittlich hohe Quote im Bereich der Fachhochschulen.

Nachholbedarf gibt es in zwei Bereichen: zum einen bei der Erwachsenenbildung. Der Anteil der Bevölkerung im Alter von über 25 Jahren, die eine formale oder nicht-formale Weiterbildung betreibt, ist im Burgenland geringer als im österreichweiten Durchschnitt.

Zum anderen hinkt das Burgenland im Bereich Forschung, Technologie und Innovation, einem weiteren entscheidenden Entwicklungstreiber, (noch) hinten nach. Es gelang zwar, die Forschungsquote in den letzten

Jahren auf 0,9 % zu heben (und seit Beginn der Erhebungen im Jahr 2002 fast zu verdoppeln), verglichen mit dem österreichweiten Durchschnitt von 2,8 % (2013) weist das Burgenland jedoch trotz FTI-Rallye noch einigen Aufholbedarf auf. Mit der sogenannten „FTI-Strategie" und ihren Maßnahmen soll dieser geschafft werden.

Europas Vorreiter bei erneuerbarer Energie

Unbefristetes und allgemeines Tempolimit 100 km/h, Beschränkung der Temperatur auf 20 Grad Celsius in Amtsräumen, „Energieferien", ein autofreier Tag pro Woche: Die erste „Ölkrise" 1973/74 forderte drastische Maßnahmen und machte auch in den Folgejahren bewusst, wie sehr Österreich von Erdöl abhängig war.

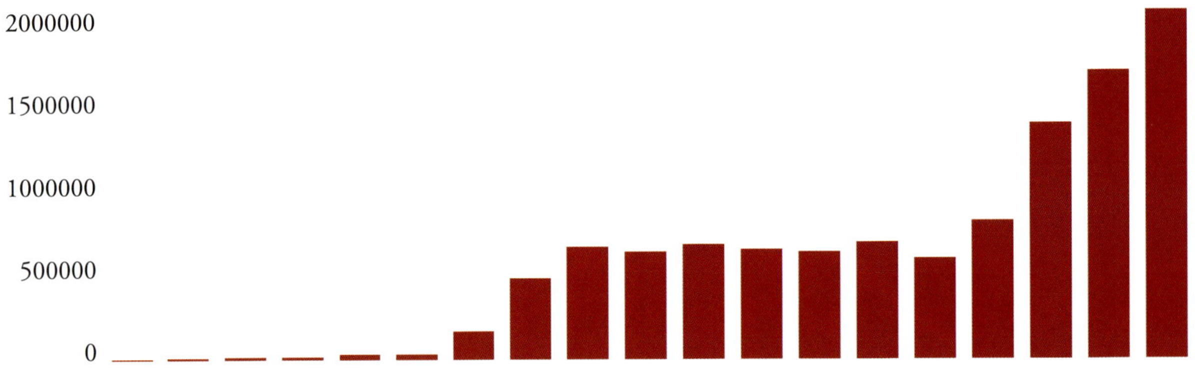

Grafik 7: Stromerzeugung aus Windenergie im Burgenland, 1997–2015 (in kWh) (Quelle: Energie Burgenland)

Das ist zwar immer noch so, insbesondere im Verkehr. Dennoch steht der Energiebereich für einen besonders eindrucksvollen Wandel, den das Burgenland genommen hat. Seit dem Jahr 2013 kann sich das Burgenland „stromautark" nennen – es wird aus Windkraft, Biomasse und Photovoltaik-Anlagen so viel Strom produziert, dass (rein rechnerisch) der Bedarf aller Haushalte im Burgenland abgedeckt werden kann. Keine andere Region in Europa hat den Umstieg auf erneuerbare Energieträger in diesem Ausmaß bislang geschafft.

Projekte aus den 1970er Jahren, wie die Überlegung, durch eine Brücke über den Neusiedler See auch den Seewinkel verkehrstechnisch besser zu erschließen, sind wohl nur aus der damaligen Zeit heraus nachvollziehbar. Wie immer auch: Dass heute mehr als ein Drittel der gesamten Landesfläche des Burgenlandes unter Natur- bzw. Landschaftsschutz (Nationalpark, Naturparks, Natura 2000-Gebiete u. a. m.) steht, unterstreicht den Bewusstseinswandel, der sich in den letzten vier Jahrzehnten vollzogen hat. Heute nimmt das Burgenland in Klima- und Energiepolitik und gelebter Nachhaltigkeit eine Vorreiterrolle, europaweit, ein.

Mut. Entschlossenheit. Veränderungswille

Die Burgenlandstiftung – Theodor Kery hat alle diese positiven Entwicklungen bei Beschäftigung, Wohlstand, Bildung und nachhaltigem Denken begleitet und mit ihren fördernden Geldern auch ein Scherflein dazu beigetragen. Viel bedeutender sind jedoch jene Impulse, die sich schon schlichtweg dadurch ergeben, dass es diese Stiftung gibt. Allein ihre Existenz und die Erfolgsbelege der jährlichen Wettbewerbe tragen verlässlich zum überzeugenden Aufstiegsnarrativ bei.

Gerade aktuell, in den (Nach-)Wirkungen einer weltweiten, dramatischen Wirtschaftskrise, massiv steigender Ungleichheiten in praktisch allen Gesellschaften und großer Flüchtlingsbewegungen aus den schlimmsten Kriegsgebieten sind wichtige Begriffe und Werte schwer unter Druck gekommen. Etwa: Mut und Entschlossenheit, Modernisierung und Veränderungswille. Oder Bildung und Experimentierfreudigkeit, Solidarität und der feste Blick aufs Gemeinwohl. Diese Begriffe klingen zwar, als wären sie direkt dem Fundus politischer Unverbindlichkeiten entsprungen. Tatsächlich ist das, wofür sie stehen, zugleich Grundlage und Ergebnis des Aufstiegs dieses Landes und seines Fortschritts. Der Beitrag der Burgenlandstiftung, diese Werte und Haltungen konjunkturell zu stützen, wiegt somit noch um ein Vielfaches schwerer als die beachtlichen Gelder, die sie zur Umsetzung so vieler guter Projekte zur Verfügung stellen konnte.

Diese inhaltliche Energie und Verlässlichkeit braucht es auch – vor allem diese! –, um die vielschichtigen Probleme zu lösen, die auf uns zukommen und morgen anstehen. Terrorismus, rechter Extremismus, Verunsicherung, Industrie 4.0 mit Robotisierung und einem tief greifenden Wandel der Arbeitswelt. Es wird neue Lebensstile, neue Lebens(ver)läufe geben und neue Formen, wie wir miteinander kommunizieren. Es wird entscheidend sein, für eine viel gerechtere Chancen- und Einkommensverteilung zu sorgen und die Bildung aller, zu allen Lebenszeiten, noch viel kraftvoller voranzutreiben. Gleichzeitig müssen wir den Klimawandel eindämmen, die neuen Energiewege entschlossen weitergehen, die europäische Idee „retten“ und neu beleben. Und, und, und.

Offen mitdenken, engagiert einmischen

Selbstredend, die Burgenlandstiftung – Theodor Kery wird diese großen Herausforderungen nicht im Ansatz schultern können. Sie kann – und wird – aber intellektuelle Atmosphäre schaffen und vielversprechende Lösungen begleiten: indem sie offen mitdenkt, sich engagiert einmischt, im Kleinen das Große (be)fördert – zur richtigen Deutungshoheit beiträgt. Dann bewirkt sie mehr, als sie vermeint. Und das wird auch künftig das Burgenland verändern.

Positiv. Deutlich. Und nachhaltig.

Roland Fürst unter Co-Autorenschaft mit Manuela Brandstetter, Sabrina Luimpöck, Judith Mantl, Christian Pfeiffer, Marlies Wallner

Zukunft, Zweifel, Zuversicht. Jugendliche Perspektiven

Mit dem Titel „Orientierungsprobleme der Landjugend" umschreiben Böhnisch/Winter ihr renommiertes Werk „Pädagogische Landnahme" aus dem Jahr 1990, in welchem erstmals in der deutschsprachigen Jugend- und Sozialisationsforschung die typischen Anpassungsprobleme junger Menschen aus sogenannten „platten Landgemeinden" (ebd.: 17) in den Blick genommen wurden. Man sprach von „Besonderheiten des Aufwachsens auf dem Land" und davon, dass diese zustande kämen, weil Jugendliche gleichsam zwischen zwei Welten leben müssten, indem sie mit urban-industriell geprägten Strukturen sowie zudem noch mit den besonderen ländlich-regionalen Sozialwelten umgehen können müssten. Bei jungen Menschen aus und in Landgemeinden verorteten Böhnisch/Winter (1990: 19) auch grundlegend ein Weniger an Vorbildern für das Leben zwischen diesen Welten, einen tendenziell schmäleren Experimentierraum und das Vorliegen eines vergleichsweise pessimistischeren Sozialklimas.

Jüngere sozialpädagogische Arbeiten gehen aber von einem aktuell pragmatischeren Verhältnis der Landjugendlichen zur Großstadt aus (vgl. dazu Herrenknecht 2002). So bleiben Jugendliche heute durchaus häufig in ihren Heimatregionen und verfügen über differenzierte Raumbilder (ebd.), wie dies auch in der gegenständlichen Studie zum Ausdruck kam.

Ungeachtet dieses Trends bleibt das Spannungsverhältnis zwischen Abwandern oder Bleiben dennoch präsentes Thema in allen Bundesländern mit einem hohen Anteil an kleinräumig begrenzten Kommunen und Bezirken. So stammt auch ein Drittel der für die hier vorgestellte Studie befragten Jugendlichen aus burgenländischen Kleingemeinden mit unter 1.000 EinwohnerInnen. Dort, wo der ökonomische oder arbeitsplatzspezifische Abwanderungsdruck hoch und das Regional- sowie das Bildungsklima ein tendenziell pessimistisches (vgl. Brandstetter 2014) ist, muss von besonderen Lebensbedingungen für junge BewohnerInnen ausgegangen werden, die im Zuge der diesem Artikel zugrunde liegenden Forschung differenzierend in den Blick genommen wurden. So wies die Landforschung der 1950er Jahre bereits darauf hin, dass neben dem Faktor der disparitären ökonomischen Situation von Landgemeinden die Attraktivität des Lebensraumes „kleinräumige Gemeinde" bzw. „ländlicher Bezirk" (Böhnisch/Winter 1990: 19) stark davon abhängt, welchen sozialen Status die Jugendlichen innerhalb der Gebietskörperschaften insgesamt einnehmen können: Ob sie nun als eigene Sozialgruppe anerkannt sind, über eigene Räume in und abseits der dörflichen Erwachsenengesellschaft verfügen oder die Möglichkeit haben, eigene Lebensstile zu leben.

Die diesem Beitrag zugrunde liegende Untersuchung hatte aus diesem Grund zum Ziel, subjektive Zukunftsperspektiven, Einstellungen zum Burgenland als Wohn- und Lebensmittelpunkt, sowie das Sicherheitsempfinden der Jugendlichen im Burgenland in regionaler Variation abzubilden. Eine querschnittsbezogene, repräsentative Erfassung des Status Quo ermöglichte, Wissen, Meinungen, Einstellungen, Fakten sowie Bewertungen unmittelbar zu erheben (Schnell/Hill/Esser 2008: 321) und auf Umwälzungen im Feld der Erwerbsintegration, die generelle Verlängerung der Ausbildungszeiten sowie die Ausdehnung der Jugendphase (vgl. Hurrelmann 2007) zu beziehen, wobei es sinnvoll erscheint, die Erhebungen zu einem späteren Zeitpunkt erneut zu vergleichen.

Forschungsdesign und empirische Ergebnisse

Der diesem Beitrag zugrunde liegenden Studie ging eine Untersuchung des Instituts für Jugendkulturforschung (IfJ) (2015) voran. Unsere Aufgabe bestand darin, dieselbe vor dem Hintergrund einer regionalen Perspektive zu differenzieren und mit Daten in Bezug auf die sozialräumlichen und -strukturellen Gegebenheiten des Burgenlandes zu interpretieren und zu verknüpfen. Die Burgenlandstiftung – Theodor Kery beauftragte daher die Fachhochschule Burgenland Ende 2015 mit einer Jugendstudie Burgenland, die über die bekannten Daten und Fakten hinaus neue Erkenntnisse bringen sollte.

Als Erhebungsinstrument wurde ein Fragebogen mit geschlossenen Fragen entwickelt, wobei auch eine Möglichkeit für Anmerkungen in einem offenen Antwortformat geschaffen wurde. Der Burgenländische Landesschulrat genehmigte und unterstützte die Durchführung der Studie. Insgesamt nahmen 983 SchülerInnen im Alter von 14 bis 19 Jahren an der Befragung vom 15. November bis 15. Dezember 2015 teil. Es handelte sich um eine geschichtete Stichprobe nach Schultyp, Schulstufe und Ort. 1.500 Fragebögen sind an die in Frage kommenden Schulen per Zufallsprinzip gesendet worden. Mit 64 % oder 963 retournierten Fragebögen fiel die Rücklaufquote zufriedenstellend aus. Zusätzlich wurden 214 Online-Fragebögen an der Fachhochschule Burgenland in den entsprechenden Studiengängen ausgefüllt, die zur Gesamtauswertung hinzugezogen wurden. Insgesamt konnten 882 Fragebögen ausgewertet werden.

Jugend und Erwerbsarbeit

Nicht zuletzt infolge der wirtschaftlichen Veränderungen in den letzten fünfzig Jahren, der einschneidenden Transformationen in der Erwerbsorientierung hinsichtlich der sich wandelnden Bildungs- und Beschäftigungsmöglichkeiten haben sich die Lebensbedingungen sowie die Bilder über die eigenen Zukunftsoptionen bei Jugendlichen entscheidend verändert. Auch das Burgenland zeichnet einen Trend, der die Phase des Berufseintritts für Jugendliche als markant ausweist. So macht das IfJ (2015) in seiner Untersuchung deutlich, dass rund 6 von 10 burgenländischen Jugendlichen Angst haben, arbeitslos zu werden.

Ungeachtet dieses Trends ist aber der Blick junger BurgenländerInnen auf die eigene Zukunft insgesamt doch eher von einer zuversichtlichen Perspektive geprägt, wie dies die gegenständliche Untersuchung offenbart. So sehen 50,5 % der burgenländischen SchülerInnen und 53,3 % der Lehrlinge der eigenen Zukunft im allgemeinen „eher zuversichtlich" entgegen, während in beiden Gruppen nur rund 6 % ihre Zukunft als „eher düster" sehen (vgl. Grafik 8).

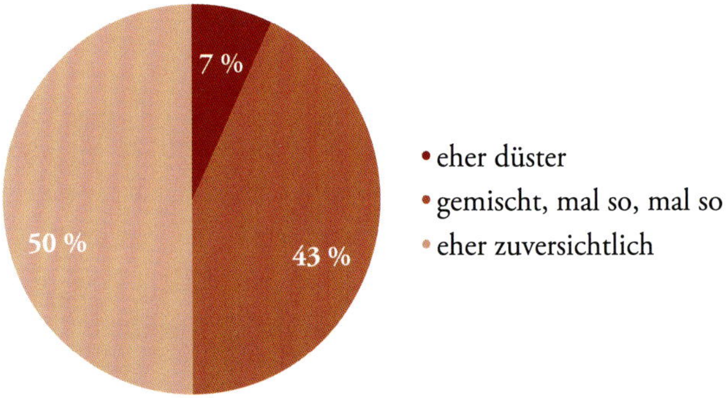

Grafik 8: „Wie sehen Sie Ihrer Zukunft entgegen?"; Befragungsergebnis in der Gruppe der SchülerInnen

Deutlich wird, dass rund 21,4 % der befragten SchülerInnen die Jobchancen als „sehr gut" einschätzen und weitere 62,5 % diese als „eher gut", während 13,6 % diese als „eher schlecht" und 2,5 % diese als „sehr schlecht" bewerten. Dies ist nur vordergründig ein Widerspruch zur Studie des IfJ (2015), ist ja der Ausdruck von Sorge als Konsequenz von Realitätsbezug und Wissen um die Erfordernisse der Erwachsenenwelt zu interpretieren. Besonders interessant sind die Antworten hierzu bei der Gruppe der Lehrlinge, die zu 39,1 % ihre Chancen auf dem Jobmarkt als „sehr gut" bezeichnen, und niemand der Befragten antwortet hier mit „sehr schlecht".

Weitere Befunde zum Feld „Erwerbsintegration junger Menschen"

In einer zu Beginn der 1990er Jahre in Nordrhein-Westfalen durchgeführten Studie (vgl. dazu Mansel/Kahlert 2007), in der Jugendliche am Statusübergang von der Schule in den Beruf zu den Hintergründen ihrer Entscheidung für die Wahl des von ihnen eingeschlagenen Ausbildungsweges befragt worden waren, offenbarte sich, dass in allen Ausbildungsgruppen die „Sicherheit vor Arbeitslosigkeit" als gewichtigster Faktor genannt wurde. Wie auch das Institut für Jugendkulturforschung (2015) für das Burgenland auswies, stellt der „sichere Arbeitsplatz" den zweithöchsten Wert im Ranking der Jugendlichen dar.

Untersucht wurden in der vorliegenden Studie stattdessen „In"- und „Out"-Nominierungen rund um das Feld der Erwerbsintegration und Jobsicherheit. Diese machten sichtbar, dass eine hohe Übereinstimmung zwischen dem Merkmal „Karriere-Machen" als „in" und jenem der eigenen Zukunftsperspektiven feststellbar war: So verfügen 51,3 % der Befragten, für die Karriere einen hohen Stellenwert bildet, über eine „eher zuversichtliche" Zukunftsperspektive (im Vergleich zur „out"-Gruppe mit 39,5 %).

„Karriere" als Immunisierung gegen das Arbeitslosigkeitsrisiko scheint an dieser Stelle als Trend auch für das Burgenland sichtbar zu werden. Denkbar ist, dass es Jugendlichen weniger um das „Aufsteigen" im Job geht als um den Erhalt des Arbeitsplatzes.

Die detaillierte Analyse der Daten macht weiters deutlich, dass BurgenländerInnen mit bildungsferneren Hintergründen (Merkmal „kein Elternteil hat Matura-Abschluss") ihre berufliche Zukunft tendenziell als „düster" sehen. Die nachstehende Auszählung stellt einen signifikanten Zusammenhang (Chi-Quadrat) zwischen den beiden Merkmalen (mindestens ein Elternteil mit Matura und Einschätzung der Zukunftsperspektiven) her. So schätzen 9,4 % der Befragten, die keinen Elternteil mit Matura-Abschluss haben, ihre Zukunft als „eher düster" ein, während bei der anderen Gruppe (jene, wo zumindest ein Elternteil einen Matura-Abschluss hat) dieser Wert bei nur 5,2 % liegt.

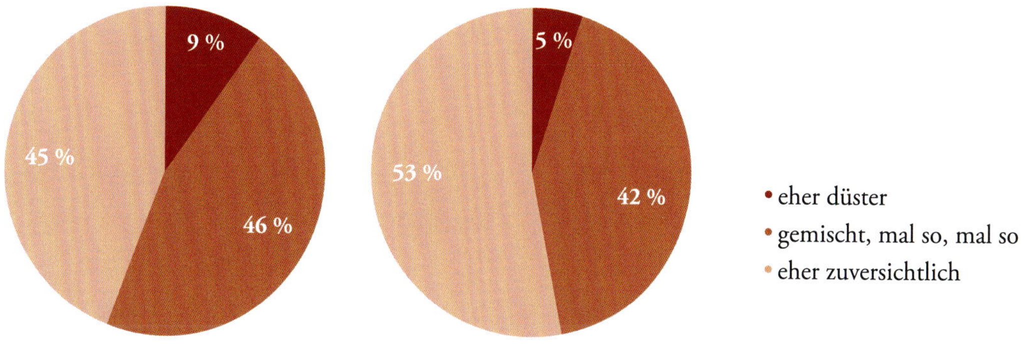

Grafik 9: „Wie sehen Sie Ihrer eigenen Zukunft entgegen?"; Haushalte ohne Matura (links); Haushalte mit mindestens 1 Matura (rechts); Chi-Quadrat signifikant (p = 0,021) positiver Zusammenhang

Klaus Hurrelmann (2007), Heide Funk (1991), Lothar Böhnisch (1996, 2012), Heiner Keupp/Renate Höfer (1998) u. a. interpretieren solche Befunde damit, dass Jugendliche, wenn sie wahrnehmen, die von ihnen erlebten Bedingungen im Sinne der eigenen Lebensvorstellungen nicht gestalten zu können, vielfach mit resignativen Lebens- und auch so gefärbten Raumbildern reagieren. So haben burgenländische Jugendliche aus tendenziell schlechten Haushaltseinkommenssituationen auch eher schlechtere Vorstellungen über ihre Zukunft. Die Angst den Arbeitsplatz zu verlieren, ist bei jenen Jugendlichen besonders hoch, deren Eltern einen vergleichsweise niedrigeren Bildungsabschluss haben.

Weitere Ängste und Bedrohungsszenarien für burgenländische Jugendliche

Anders als die deutschen Jugendlichen (vgl. Jugendshell-Studie 2007, 2015, vgl. dazu IfJ (2015) beeindrucken die burgenländischen Jugendlichen durch eine bestehende Zuversicht, was die Bedrohung durch strukturelle oder nicht unmittelbar im eigenen Lebensbereich liegende Risiken (bspw. Terroranschläge, schlechte Wirtschaftslage) anlangt. Aus diesem Grund wurde in dieser Studie der Merkmalskomplex des subjektiven Sicherheitsempfindens erneut in den Blick genommen und spezifischer ausgewertet. So zeigt die Auszählung von Sicherheit im Zusammenwirken mit Kleinräumigkeit ein deutlicheres Bild. Nach dem „Wie sicher fühlen Sie sich an Ihrem Wohnort?" befragt, sehen sich in Gemeinden bis zu 1.000 EinwohnerInnen die Jugendlichen zu 67,5 % als „sehr sicher" und zu 27,3 % als „eher sicher". Bei Gemeinden über 6.000 EinwohnerInnen ist man sich zu 54,2 % „sehr sicher" und nur zu 7,5 % (das sind 9 Personen absolut) „eher unsicher".

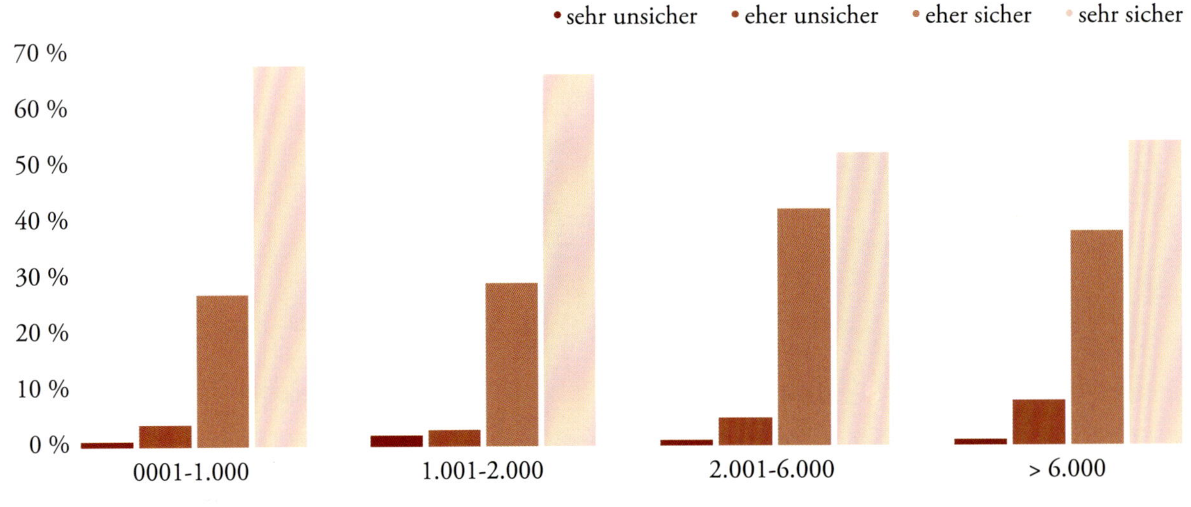

Grafik 10: „Wie sicher fühlen Sie sich in Ihrem Wohnort?"; nach Wohnortgröße (gemessen nach EinwohnerInnen); Chi-Quadrat signifikant (p = 0,018), je größer desto unsicherer

Wie auch das Wiener Institut für Rechts- und Kriminalsoziologie (IRKS) mit seinen Arbeiten herausgearbeitet hat (Stangl/Sessar/vanSwaaningen 2006), ist der Faktor „subjektives Sicherheitsgefühl innerhalb eines Gemeinwesens" in Zusammenhang zu sehen mit einer weiteren, maßgeblichen Größe, die auf dieses unmittelbar einwirkt: Es geht um das vorliegende Vertrauen, das Befragte in die Institutionen öffentlicher Ordnung und politischer Verantwortung legen, welches es ihnen ermöglicht, realistischen Szenarien der Bedrohung mit einem höheren Maß an Gelassenheit zu begegnen, als dies Befragte in Umgebungen tun, in denen sie sich grundsätzlich schlecht angebunden fühlen.

Das IRKS macht dieses Phänomen an verschiedenen vergleichenden Raum- und Sicherheitsanalysen innerhalb Wiens im Verhältnis zu solchen anderer europäischer Städte fest und konstatiert, dass in den untersuchten Wiener Bezirken (auch trotz evident hoher Kriminalitätsbelastung und einer Reihe an sonstigen öffentlichen Irritationen) ein überdurchschnittlich hohes Sicherheitsempfinden quer durch die Altersgruppen dominiert (vgl. Breckner/Bricocoli, 2006: 34).

Auch in der gegenständlichen Untersuchung wird sichtbar, dass der Faktor „subjektives Sicherheitsempfinden" der jungen BurgenländerInnen von bestimmten sozial- und wirtschaftspolitischen sowie emotionalen Größen überlagert wird. So ist dieses abhängig vom Erleben der „Einschätzung eigener Jobchancen": 26,1 % jener Befragten, die ihre eigenen Chancen einen Job zu finden als „sehr gut" einschätzen, fühlen sich auch „sehr sicher". Hingegen fühlen sich 36 % der Befragten, die ihre Arbeitsmarktoptionen als „eher bis sehr schlecht" betrachten, „sehr unsicher".

Das zeigt, dass soziale Fragen für gewöhnlich auf andere Lebensbereiche bzw. deren Wahrnehmung entscheidend Einfluss nehmen und dass „subjektive Sicherheit" somit einen Erlebensfaktor darstellt, der abhängig ist von zahlreichen anderen Lebensdimensionen. Will man also das Sicherheitsgefühl von Jugendlichen verbessern, so muss dies im Zusammenwirken mit Zufriedenheit, Arbeitsplatzsicherheit, abstrakten Größen wie Vertrauen und Übersichtlichkeit sowie einem Erleben von Handlungswirksamkeit einhergehen.

Generalisiertes Raumbild des Burgenlandes

Regionale Schwankungen offenbaren sich beim generalisierten Raumbild zum Burgenland. Junge BurgenländerInnen unterscheiden sich – je nach Herkunftsbezirk – darin, welchen Blickwinkel sie bei der Bewertung der Zukunft ihres Bundeslandes einnehmen. Während in Neusiedl zu 30,6 % eine „eher zuversichtliche" Perspektive einnehmen, sehen in südburgenländischen Bezirken 40,3 % (Jennersdorf) bzw. 33,8 % (Güssing) die Zukunft „eher düster". Der Zusammenhang zwischen „Zukunftsperspektive des Bundeslandes" und Bezirk ist als hoch-signifikant auszuweisen.

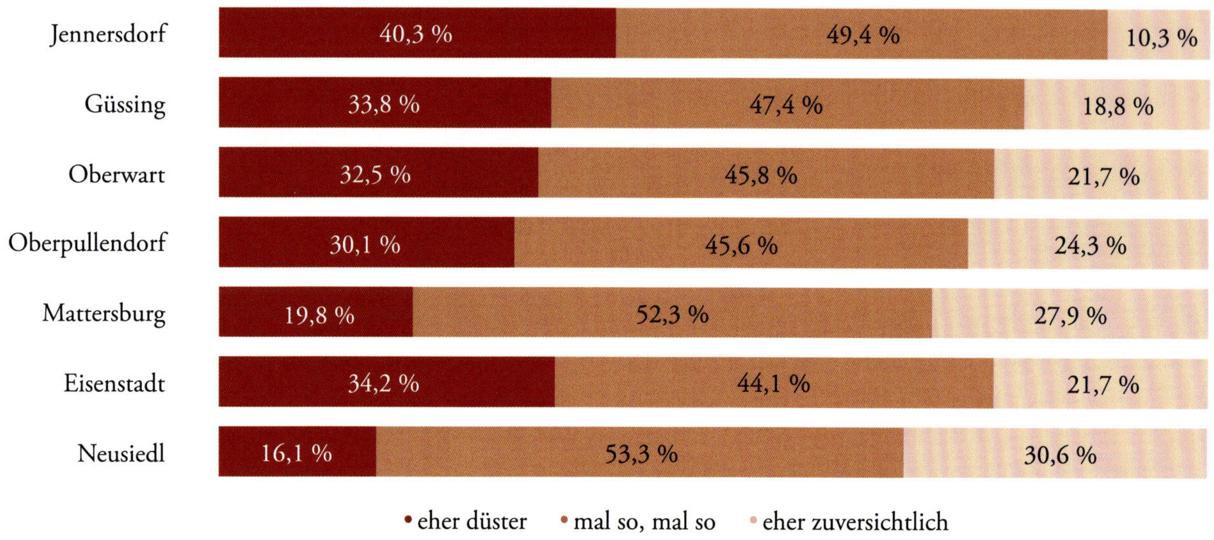

Grafik 11: „Wie sehen Sie der Zukunft des Burgenlandes entgegen?"; nach Bezirken (in %); Chi-Quadrat hochsignifikant (p = 0,004)

Insgesamt scheint im Burgenland aber kein Szenario des Verfalls, der vollkommenen Verunsicherung, der räumlichen Entleerung bzw. eines der „kollektiven Depression" (Dimmel 2015) Platz ergriffen zu haben. Dass die Lebensbedingungen sich entweder markant verschlechtert hätten oder in naher Zukunft schlecht sein werden, entspricht nicht dem in der Öffentlichkeit diskutierten Raumbild. Kolportierte Krisen, wie sie in anderen Bundesländern zu verzeichnen waren, bspw. Salzburg, Steiermark (im Gefolge der Gemeindezusammenlegung) oder in Niederösterreich mit Regionen, die vom Aussterben und von Betriebs-, Gaststätten- und Schulschließungen betroffen sind, lassen sich hierorts offensichtlich in dieser Weise nicht absehen. Indirekt kann aus diesem Grund von einem grundlegenden Vertrauen der Jugendlichen in die Institutionen der Landesverwaltung ausgegangen werden, denen Zuverlässigkeit zugeschrieben wird. So offenbart ja auch der Rückgriff auf den Faktor „Beteiligung", dass sich junge BurgenländerInnen durchaus gut eingebunden fühlen (Grafik 12). Auch wird deutlich, dass kein Zusammenhang zwischen dem Erleben von Beteiligungsmöglichkeit und regionaler Zugehörigkeit existiert.

In seiner Studie rund um das Thema „Wahlbeteiligung von Jugendlichen" brachte Fürst (2011: 82) zum Vorschein, dass das Burgenland hier eine Vorreiterrolle eingenommen hat, indem 2010 schon Jugendliche ab 16 Jahren zur Nationalratswahl zugelassen wurden. Denkbar wäre, dass junge BurgenländerInnen sich hier auch stärker von der politischen Kultur unmittelbar angesprochen und ernst genommen fühlen, was sich in den ausgewiesenen Werten ausdrückt. Erhalten Subjekte in Gestalt von Jugendlichen die Möglichkeit, sich aktiv

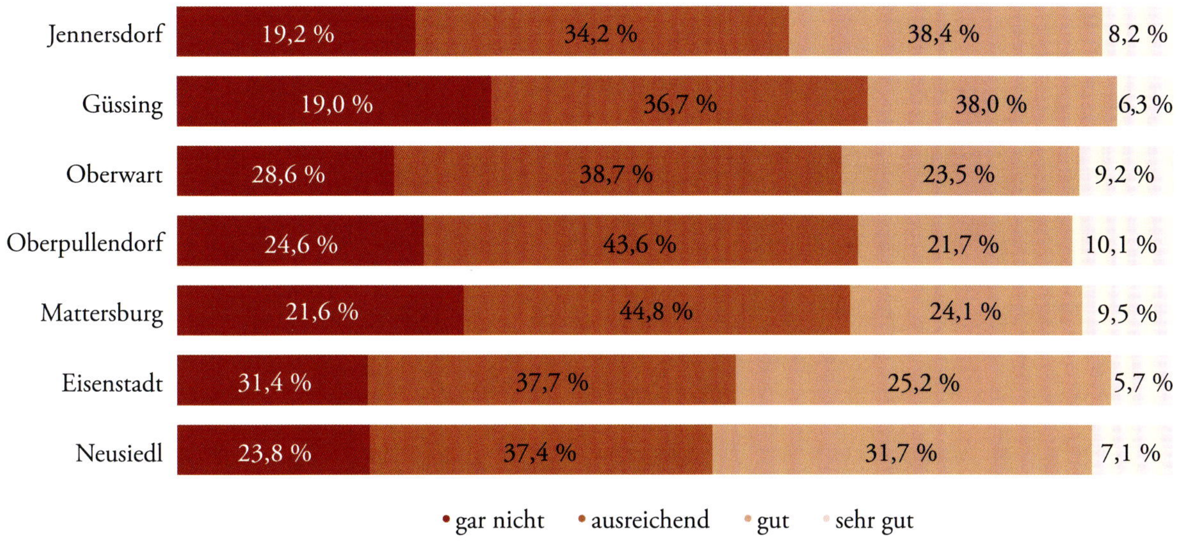

Grafik 12: „Ich kann mich bei mir wichtigen politischen Anliegen einbringen"; nach Bezirken (in %)

in politische Prozesse einzubringen und erfahren sie auch in halböffentlichen und öffentlichen Sphären die Möglichkeit, als urteilsfähig und sachkundig wahrgenommen zu werden, kann sich die Fähigkeit zu politischer Beteiligung und Interessensbildung entwickeln. Werden Jugendliche in ihrer Expertise hingegen nicht oder nur alibi- bzw. mangelhaft wahrgenommen, so bleibt Politik für sie ein Raum, den sie sich nicht aneignen können.

Die Frage, wie das subjektive Sicherheitsempfinden, das generalisierte Raumbild sowie das Thema der (politischen) Beteiligung von jungen BurgenländerInnen unter der Bedingung von typisch burgenländischer Kleinräumigkeit aussehen, stand im Fokus des Berichts zu dieser Jugendstudie. Um einige hier auszugsweise dargestellte Erkenntnisse zusammenfassend zu nennen:

1. Burgenländische Jugendliche erleben sich als fähig, sich gut bzw. ausreichend, wie sie es beschreiben, einzubringen. Regionale Variationen waren hierzu nicht feststellbar, was auf eine solide Ausgangsbasis für Jugendbeteiligung im Burgenland hinweist.
2. Burgenländische Jugendliche sind parteipolitisch-institutionell skeptisch; im Erleben ihrer Handlungswirksamkeit sehen sie sich aber als kompetent.
3. Das subjektive Sicherheitsempfinden burgenländischer Jugendlicher ist dort hoch, wo ein Zusammenhang zu Faktoren wie ökonomischer Sicherheit, Bildungssicherheit ausgemacht werden kann.

Interessant ist an dieser Stelle der Bericht des Instituts für Rechts- und Kriminalsoziologie im 6. Europäischen Rahmenprogramm. Dieser macht sichtbar, dass ethnische Hintergründe in die kommunale Wahrnehmung von sogenannten unsicherheitsfördernden Incivilities (Sagel-Grande/Thoornvliet 2006: 115) vor allem dann einfließen, wenn bzw. sobald allgemeine Verunsicherungen (Verfall von öffentlichen Gebäuden, Abwanderungsphänomene u. a.) in einem sozialen Raum bereits Platz gegriffen haben. Im Burgenland ist im Bereich des subjektiven Sicherheitsempfindens anzumerken, dass Ausprägungen eines allgemeinen Unsicherheitsgefühls offensichtlich in dieser Weise (noch) nicht um sich gegriffen haben. Wie die AutorInnen ausweisen, existiert aber bei allen sicherheitspolitischen Interventionen im halböffentlichen und öffentlichen Raum ein paradoxer Effekt. Es bildeten sich infolge von Präventionsinstrumenten (bspw. Kameraüberwachung, private Sicherheitsdienste etc.) Stressoren heraus, die insbesondere junge Menschen zu überfordern drohen, was mit der hohen Sensitivität von Jugendlichen in dieser ihrer Übergangsphase zum Erwachsen-Werden insgesamt zu tun hat.

Was aber in Anbetracht dieser Studie sowie einschlägiger Forschungsarbeiten zum subjektiven Sicherheitsgefühl und zum regionalspezifischen Wohlbefinden sichtbar wird, ist die Tatsache, dass sich wirtschaftliche Prosperität sowie ein hoher Bildungsstatus nahezu immunisierend gegen jedwede verunsichernde Effekte auswirken.

Symbolische Jugendpolitik, also eine, die Themen aufgreift, Ängste dadurch relativiert, dass sie sie verschiebt, wäre an dieser Stelle folgenreich. In Anlehnung an die jugendrelevanten Fragen ginge es vielmehr um ein politisches Arbeiten an Fragen der regionalen Identität, der Arbeitsplatzsicherheit und der Bildungsperspektive sowie der politischen Beteiligung, die erreichbar erscheinen muss. Sozialem Rückzug sowie Fatalismus in der Haltung (vgl. Brandstetter/Fürst/Luimpöck/Wallner/Mantl/Pfeiffer 2016) gilt es durch politische Auseinandersetzungen zu begegnen. Junge BurgenländerInnen sind in Summe hoch mit ihrem Bundesland identifiziert, womit ein Potenzial aufgezeigt wird, das es zu nützen gilt. Öffentliche Diskurse rund um „subjektive Unsicherheiten" bzw. rund um vermeintliche „Hot Spots" könnten hier kontraproduktiv wirken, weil sich gerade bei Jugendlichen hier Unbehagen breit machen kann.

So wäre die Initiierung von Kinder- und Jugendparlamenten in burgenländischen Gemeinden ein Schritt in Richtung partizipativer Jugendpolitik, wie er ja schon 2010 mit der Einführung des Wahlrechts ab 16 Jahren gesetzt wurde. Auch könnte eine offensive Berichterstattung über die gegenständliche Studie ein Signal darstellen, das zeigt, wie interessiert Landes- und Bezirkspolitik quer durch die politischen Parteien daran sind, Jugendliche in ihren Bedürfnissen ernst- und wahrzunehmen. Es könnte einer ebenso vorhandenen politikdistanzierten, institutionskritischen Haltung von Jugendlichen entgegenlaufen, würden JugendvertreterInnen in der öffentlichen Berichterstattung als parteilich für Jugendliche auftreten und sich gegen Negativ-Darstellungen zur Wehr setzen. Es geht hier um „kreative Wege" (Luimpöck 2015), die Jugendlichen für politisches Engagement in ihren Lebenswelten zu gewinnen.

Literatur

Böhnisch, L.; Winter; R. (1990): Pädagogische Landnahme. Einführung in die Jugendarbeit des ländlichen Raums. Weinheim und München.

Böhnisch, L. (1996): Pädagogische Soziologie. Eine Einführung. Weinheim und München.

Böhnisch, L. (2012): Sozialpädagogik der Lebensalter. Eine Einführung, 6. überarbeitete Auflage, Weinheim und Basel.

Brandstetter, M. (2014): Gewalt im sozialen Nahraum in ländlichen Gemeinden und Bezirken – Engführungen im Diskurs rund um Ländlichkeit und familiäre Probleme. In: Herschelmann M.; Heinitz S. (Hrsg.): Kinderschutz in ländlichen Räumen - Herausforderung, empirische Befunde und Perspektiven. Köln/Vechta.

Brandstetter, M.; Fürst, R.; Luimpöck, S.; Wallner, M., Mantl, J. Pfeiffer, C. (2016): Endbericht Jugend im Burgenland 2016. Projekt im Auftrag des Landes Burgenland, Abt. 6. Eisenstadt: FH Burgenland.

Breckner, I.; Bricocoli, M. (2006): Un-Sicherheiten in urbanen Räumen: Wirklichkeiten und Handlungsstrategien in europäischen Großstädten. In: Sessar, K.; Stangl, W.; van Swaaningen, R. (2006): Großstadtängste. Anxious Cities. Studies on Feelings of Insecutity and Safety Policies in European Communities. Wien – Berlin. S. 21–45

Dimmel, N. (2015): Im demographischen Umbruch: Konsequenzen und Herausforderungen. In: Derselbe: (Über)Leben an der Grenze. Linz. S. 149–175

Fürst, R. (2011): Jugend zwischen Politikfrust und Weltverbesserung. Demokratie lernen – die Kernaufgabe jeglicher politischer Bildung. In: Pehm, Georg/Plaikner, Peter (Hrsg.): Burgenländisches Jahrbuch für Politik 2011/2012. S. 80-89

Funk, H.; Böhnisch, L. (1991): Grundprobleme sozialer Hilfe im ländlichen Raum. In: Böhnisch, L.; Funk, H.; Huber, J; Stein, G. (Hrsg.): Ländliche Lebenswelten. Fallstudien zur Landjugend. Weinheim und München. S. 29–39

Hanak, G.; Karazman-Morawetz, I.; Krajewski, K. (2006): Globale Ängste, Kriminalitätsfurcht und die Unordnung der Stadt: Unsicherheit in Krakau und Wien. In: Sessar, K.; Stangl, W.; vanSwaaningen, R. (2006): Großstadtängste. Anxious Cities. Studies on Feelings of Insecutity and Safety Policies in European Communities. Wien – Berlin. S. 69–99

Herrenknecht, A. (2002): Pro Provincia: Erstellung von Grundlagentexten. Methodenbeispiele und Materiallisten für die Bausteine für Kinder- und Jugendbeteiligung im Rahmen des bundesweiten Gesamtprojekts „Beteiligungskiste" – Expertise im Auftrag der FH Lüneburg 2002.

Hurrelmann, K. (2007): Lebensphase Jugend. Eine Einführung in die sozialwissenschaftliche Jugendforschung, 9. aktualisierte Auflage, Weinheim und München.

IfJ; Institut für Jugendkulturforschung im Auftrag des Landesjugendreferats Burgenland (2015): Jugendstudie Burgenland 2015. Textkommentar. Studienleitung: Beate Großegger, Philipp Ikrath. Wien, 2015.

Keupp, H.; Höfer, R. (1997): Identitätsarbeit heute: klassische und aktuelle Perspektiven der Identitätsforschung. 1. Auflage, Frankfurt am Main.

Luimpöck, S. (2015): Exklusion von Asylsuchenden als Menschenrechtsverletzung. Der Handlungsspielraum Sozialer Arbeit. In: Sozialarbeit in Österreich (SIÖ), 2015/3, S. 18–24

Mansel, J.; Kahlert, H.(2007): Arbeit und Identität im Jugendalter vor dem Hintergrund der Strukturkrise. Ein Überblick zum Stand der Forschung. In: Dieselben (Hg.): Arbeit und Identität im Jugendalter. Die Auswirkungen der gesellschaftlichen Strukturkrise auf Sozialisation. Weinheim und München. S. 8–38

Schnell, R.; Hill R.; Esser, E. (2008): Methoden der empirischen Sozialforschung. 8. Auflage, Oldenburg.

Sagel-Grandel I.; Toornvliet, L. (2006): Über Unsicherheiten, Unsicherheitsgefühle und Wege zu ihrer Prävention – ein Bericht aus Amsterdam. In: Sessar, K.; Stangl, W.; van Swaaningen, R. (2006): Großstadtängste. Anxious Cities. Studies on Feelings of Insecutity and Safety Policies in European Communities. Wien – Berlin. S. 99–127

Sessar, K.; Stangl, W.; van Swaaningen, R. (2006): Großstadtängste. Anxious Cities. Studies on Feelings of Insecutity and Safety Policies in European Communities. Wien – Berlin.

Preisträgerinnen und Preisträger

Henrike Mörz-Dorner

Freiheit. Für alles. Über alles

Ich warte auf Birgit Sauer vor ihrem Atelier. Sie verspätet sich. Ihr Erscheinen entschuldigt alles – wie immer, wenn ich Birgit sehe. Das Atelier – viel Raum für freie Gedanken. Ein Ort der Ruhe und gleichzeitig ein Ort, an dem man spürt, dass das Leben von Birgit Sauer ein intensives ist. Man spürt es und man sieht es. Ihre Bilder sind ihr Leben.

Aufgewachsen in Wien, Horn und Eisenstadt, empfindet Birgit Sauer große Dankbarkeit, den Großteil ihrer Kindheit im Burgenland verbracht haben zu dürfen. Ein Land mit Menschen, die offen aufeinander zugehen und Menschen, die der Ausgrenzung wenig Chance geben.

Ihr Vater war es, der durch die Aussicht auf einen Oberarztposten – später wurde er Primar – dazu bewegt wurde, von Horn nach Eisenstadt zu übersiedeln. Er war das Oberhaupt der Familie und geprägt durch seine eigenen Eltern, die ihm durch Disziplin und Ehrgeiz eine gute Ausbildung und die Integration in ein damals sogenanntes bürgerliches Leben ermöglichen wollten. Als Unfallchirurg kamen ihm sein handwerkliches Geschick, seine schnelle Reaktionsfähigkeit und seine enorme Ausdauer zugute. Fähigkeiten und Eigenschaften, welche Birgit von ihrem Vater geerbt hat und auch sie weiß, diese gut einzusetzen – wenn auch auf einem völlig anderen Gebiet.

Birgit Sauers Vater war somit auch getrieben, sein Leben möglichst perfekt zu gestalten. Obwohl er sich – nach Ansicht von Birgit – diesem Druck nicht ausliefern hätte müssen: „Weil er sowieso er war. Oft sucht man das, was schon ist." Sich in der Gesellschaft zu behaupten, das war ihm wichtig. Gleichzeitig handelte er in einer Art von Zerrissenheit, da er sich auch nach einem freieren Leben sehnte. Er starb 2003.

Schon im Oberstufenrealgymnasium Wolfgarten in Eisenstadt wird das besondere Talent Birgit Sauers von ihren damaligen Professoren Hannes Haider und Siegmund Kleinl erkannt und unterstützt. Später gründen sie gemeinsam mit drei weiteren Künstlern die NN-Fabrik in Siegendorf.

WAS
SIE
SIEMENS

1994 erlangt Birgit Sauer ihren Hochschulabschluss an der Universität für angewandte Kunst vor Ablauf der üblichen Studiendauer mit Auszeichnung. Mit dem Bewusstsein, sich ganz der Kunst hingeben zu wollen und dem engen Kontakt zu den im Burgenland lebenden Kunstschaffenden ist ihr weiterer Weg klar. Sie ist jung, attraktiv, talentiert und voller Neugier auf das Leben.

Birgit Sauer ist maßgeblich am Aufbau der NN-Fabrik in Siegendorf beteiligt. Die NN-Fabrik ist etwas Außergewöhnliches und Fortschrittliches. Die Künstler haben viele Möglichkeiten, die Fabrik zu nutzen. Es folgt eine intensive Zeit, die Ausdauer und konsequentes Arbeiten erfordert. Ihre handwerklichen Fähigkeiten – die sie ja bereits in die Wiege gelegt bekam – sind nun in jeder Hinsicht gefordert. Die NN-Fabrik wächst von zu Beginn 100 Quadratmeter auf später 1000 Quadratmeter. Der Ort ist vieles – Werkstätte, Atelier, Archiv, Galerie, PR-Büro und Wohnraum. Erklärtes Ziel ist, die burgenländische Kunst am internationalen Markt zu etablieren.

Birgit Sauer lernt in dieser Zeit sehr viel von Hannes Haider und ist ihm dafür sehr dankbar. Er fördert sie, stellt sie bei Galerien vor und führt sie in das Kunstbusiness ein. Sie erlernt das Handwerk in allen Facetten und kann ihre Eindrücke und Erlebnisse in Formen und Farben mitteilen. Die Nachfrage nach ihren abstrakten Druckgrafiken wird immer größer. Sie ist in dieser Zeit Vertreterin für Österreich auf der 21. Grafikbiennale in Ljubljana und wird mit einem Hauptpreis ausgezeichnet, ist auf diversen wichtigen Kunstmessen vertreten wie beispielsweise der Art Frankfurt, Kunst Wien, Grafikmesse Bologna und erhält zahlreiche Auszeichnungen, wie den Preis der „Pannonia 1992“, International Print Triennial Cracow und viele mehr.

1998 wagt Birgit Sauer den großen Schritt, sich aus der Enge des Kunstkollektivs zu befreien. Sich aus einer vermeintlichen Sicherheit zu lösen. Sie ist auf dem Weg, eine ausgereifte Persönlichkeit zu werden, mit dem Verlangen frei zu sein. Es beginnt die Zeit der Experimente.

Birgit Sauer entwickelt die Gegenstandslosigkeit in eine Formensprache. Das Gegenständliche und Figurative wird zum Schwerpunkt. Verschiedene Techniken kommen zur Anwendung. Sie verwendet Grafik, Ölmalerei, Photographie und Film, Radierungen verbinden sich mit Laserprints. Sie benutzt Lack- und Epoxyharz und arbeitet mitunter an Linolschnitten und Collagen.

Sie nimmt sich die Freiheit, immer alles verändern zu können und die Freiheit, das zu tun, was sie tun möchte. Sie lernt den Tänzer und Choreographen Chris Haring kennen und lieben. Chris Haring genießt mit seiner Performance Company „Liquid Loft“ seit Jahren internationale Anerkennung und wird 2007 mit dem Goldenen Löwen der Biennale in Venedig ausgezeichnet. Eine der unbeschwertesten Zeiten in Birgits Leben beginnt. Nach ihrer „Fabrikszeit“ lernt sie auch in einer Beziehung eine neue Leichtigkeit kennen. Sie fühlt sich frei mit diesem

Mann und gleichzeitig tief verbunden. Es wird viel gereist und viel getanzt. Die Bewegung und der Körper rücken in den Mittelpunkt. Der tanzende Körper und auch festgehaltene Bewegungen. Eine Wechselwirkung zwischen sich bewegenden und tanzenden Körpern, verdrehten Perspektiven und der Verkettung verschiedener Ebenen. Es entsteht ein Raum im Raum. Ihren Traum vom eigenen Atelier im ehemaligen Flughafengebäude in Trausdorf erfüllt sie sich dennoch alleine. Für Birgit Sauer ist der Aufbau dieses Ateliers von Beginn an klar. So klar, dass sie ihren Weg unbeirrt und voll neuer Ideen weitergeht.

2004 wird Birgit erstmals Mutter – ein Sohn – Grischa. Gefühle überschlagen sich. Eine aufregende Schwangerschaft mit liebevollen Menschen. Menschen, die Birgit sehr nahe stehen, mit denen sie eine ungemeine Vertrautheit und Verbundenheit spürt und deren Wege sich dann doch trennen. Birgit Sauer beweist auch in dieser Phase Ehrlichkeit und Geradlinigkeit. Trotz der turbulenten Zeit und der neuen Rolle als Mutter weiß Birgit immer genau, was sie will und folgt meistens ihrem Gefühl.

Im Grunde ist Birgit Sauer ein sehr scheuer Mensch und braucht auch Ruhephasen, in denen sie einfach nur alleine sein kann. Und dann Alltägliches tut. Rasenmähen, aufräumen, wegräumen, einkaufen gehen und dabei den Gedanken freien Lauf lassen. „Durch tun entwickeln sich viele Dinge. Und eigentlich gibt es immer etwas zu tun."

Der Musiker Kristian Musser ist für Birgit ein wichtiger Wegbegleiter für eine bestimmte Zeit. Er ist einer der Menschen, der sie zutiefst berührt und herausgefordert hat. Mit der Band „Tanz Baby!" wird Kristian Musser 2009 für den FM4 Award nominiert. Eine alte Heimorgel, die er von Birgit geschenkt bekommt, soll damals der Anstoß zur Gründung der Band gewesen sein. 2006 kommen die gemeinsamen Zwillinge Nando und Nuria zur Welt.

Von 2009 bis 2011 verbringt Birgit Sauer immer wieder Zeit in den USA. Zeit für sich und um Neues kennenzulernen. Eine andere Kultur mit all ihren Banalitäten aufnehmen und verarbeiten können. Egoistisch sein. Das tun, worauf man gerade Lust hat. Aufstehen, wann man will, reden, wann man will und am liebsten gleich gar nichts reden müssen, wenn man nicht will.

Diese Freiheit, delektieren und malen – ohne Rücksicht auf andere. Ein Ausstieg aus dem Alltag einer alleinerziehenden Mutter, die durch das Versinken in ihre Kunst wieder neue Kraft schöpft.

In dieser Phase entsteht „permanent is nowhere". Unglaublich poetische und stimmige Worte und beeindruckend starke Bilder. Ungewöhnliche Blickwinkel und Ausschnitte an Orten der Intimität, an denen man sich unweigerlich mit dem Wandel und der Wahrheit auseinandersetzt. Des Blickes auf sich selbst, des Verinnerlichtseins, des sich Zurückziehens oder auch des sich Veränderns.

Schon Rainer Maria Rilke, der die Worte „bleiben ist nirgends“ schrieb, sah die größte Herausforderung des Lebens darin, mit Schmerz, Trennung und Verlust umzugehen, ohne sich von ihrer Schwere überwältigen zu lassen.

Bleiben ist nirgends – Hiersein ist viel. Birgit: „Im Grunde ist es völlig egal wo du bist, letztendlich bist du sowieso nur mit dir.“ Und: „Manchmal können Stöckelschuhe oder Stiefel oder eine Reise helfen, einen Impuls zu geben wieder freier zu werden.“

„Im Grunde ist es völlig egal wo du bist, letztendlich bist du sowieso nur mit dir.

Das Älterwerden kümmert Birgit Sauer gar nicht. Sie empfindet ihr Altern als etwas sehr Befreiendes. Selbstbestimmender agieren zu können, Verantwortung zu übernehmen, Entscheidungen zu treffen – das ist ein sehr schönes Gefühl für sie. Es niemandem recht machen zu müssen. Keine Panik haben, nicht rechtzeitig fertig zu werden, unabhängig sein – das ist die Freiheit, die sie sich jahrelang erkämpft hat.

Als ob Birgit Sauer neue Sprachen lernt, eignet sie sich immer wieder neue Techniken an, ungeahnte Möglichkeiten ergeben sich. Wer weiß, was noch kommt. Spannend darf es auf jeden Fall bleiben. Dabei hilft es, manchmal innezuhalten und zu hinterfragen, was wirklich bleibt ...

„Das Schönste und Wichtigste für mich ist, mit meinen Kindern Zeit zu verbringen.“
„Ich bin sehr dankbar, meine Schwester als Schwester zu haben.“
„Ich bin sehr dankbar meiner Familie und meinen Freunden, die immer für mich da sind.“
„Am Tiefsten beruhigt und glücklich macht mich zu malen, genauso fordert es mich auch heraus.“
„Ich bin dankbar für mein Leben.“ (2016)
„Mann, du stinkst“ (1991)

Vom ersten Augenblick an hat mich Birgit Sauer fasziniert. Ihre natürliche, offene Art und dann doch wieder eine gewisse Verschlossenheit. Mit einer Leichtigkeit durchs Leben gehen und tiefsinnige Gespräche, die in eine andere Gedankenwelt führen. Ihre Art zu sprechen ist anders und außergewöhnlich. Wenn man sich auf ihre Worte einlässt und ihren beeindruckenden künstlerischen Fähigkeiten vertraut, entstehen erstaunliche Bilder. Bilder, die eine völlig neue Betrachtungsweise ermöglichen.

Eva Maltrovsky

Die Widerständige

Ulrike Truger mutet sich und anderen viel zu. Dass sie als Frau sich im Bereich der bildenden Kunst gerade für die Sparte der Steinbildhauerei entscheidet, zeigt grundsätzlich, dass sie Herausforderungen nicht scheut, nein, sie eher sucht. Die Steinbildhauerei fordert körperlich und ist weitgehend eine Männerdomäne. Sie fordert überdies mental, denn auch gedanklich und organisatorisch ist mit der Bewältigung von Materialien, deren Gewichtsbereich Tonnen umfassen kann, umzugehen. So ist diese Entscheidung bereits grundsätzlich ein Statement – ein feministisches Statement: Eine Frau hat sich zu behaupten.

Der Stein setzt der Bearbeiterin Widerstand entgegen. Nur gegen den Widerstand entstehen Formen und Gestalten. Arbeit mit Hammer, Meißel und der Flex bedingen Körperkraft, Lärm und Staub. Die Materialität wird in ihrer unmittelbarsten Weise erlebt. Das für Laien harte Material wird differenziert erfahren, von der relativen Weichheit des Sandsteins über den Untersberger oder Waldviertler Marmor, Carrara Statuaria Marmor, Serpentin bis zum Granit Nero Assoluto Zimbabwe. Beim Handanlegen erfährt man die Wärme oder Kühle des Steines, die Rauheit, die verschiedenen Strukturen, die sich durch die Bearbeitung ergeben bis zu den glatten, ganz sanft werdenden Oberflächen, über die die Hand wie von selbst gleitet.

Bei den Skulpturen Ulrike Trugers dominieren die rauen Oberflächen des Steins, grob behauen, Absplitterungen oder Meißelschläge offenbarend. Vor allem in den Spuren des Spitzmeißels erkennt man die persönliche Handschrift Ulrike Trugers. Das sich in den Strukturen brechende Licht, das Spiel mit den Schatten, die Neigung der jeweiligen Fläche lösen variantenreiche Oberflächenreize aus. Sehr gut zu beobachten ist dies an *Sky Screw* (2012, Carrara Marmor, 600/60/150 cm). Auch in der Skulptur *Das Zentrum* (2012, Carrara Statuario Marmor, 320/245/50 cm) wechseln sich in den großzügig angelegten Formen, die durch kantige Wendungen der Fläche gegliedert werden, kleinteilig strukturierte gemeißelte Partien mit grob behauenen ab.

Ulrike Truger folgt der Grundform des sorgfältig ausgesuchten steinernen Blocks, lässt ihn in seiner Ursprünglichkeit und Grobheit in vielen Arbeiten weitgehend stehen, nimmt nur pointiert weg, um die intendierte Form

deutlicher heraustreten zu lassen und gestaltet Teile intensiver bis zu figuralen Anklängen, um die Aussage zu verdeutlichen. So oszillieren viele ihrer Arbeiten in einem bewusst gelenkten Wechselspiel von Rohheit und präziser Ausgestaltung, von Abstraktem und Ikonischem. Zwischen diesen Polen bewegen sich die Steine Ulrike Trugers, wobei der eine Pol manchmal mehr, manchmal weniger Anteil hat, bis zu rein abstrakten oder eher figurativen Skulpturen.

Emanzipatorische Themen

Das Semantische bzw. die inhaltliche Aussage spielt aber immer eine zentrale Rolle. Frühere Arbeiten widmen sich emanzipatorischen Themen, die in Zusammenhang mit der zweiten Frauenbewegung in den 1970er Jahren zu sehen sind, aber auch Themen der Individuation. Als Beispiele sind gleich drei Versionen der *Erhebenden* zu nennen. (*Sich Erhebende I,* 1979, Lindabrunner Konglomerat, 170/170/80 cm, *Sich Erhebende II,* 60/60/35 cm, *Sich Erhebende III*, 1984, Serpentin Tauerngrün, 160/400/250 cm). Aber auch *Aufbruch,* 1986, Krastaler Marmor, 250/150/85 cm oder *Die Auftauchende* (1986 Waldviertler Marmor ca. 30/18/85 cm) lösen Konnotationen im oben genannten Themenfeld aus. Das Motiv der ausholenden Vorwärtsbewegung, das Entwicklung und „aggredere – auf etwas entschieden zugehen, in Angriff nehmen" impliziert, findet sich bei der *Großen Schreitenden,* (1987/88, Carrara Statuario Marmor, 270/80/250 cm) und später abstrahierter in Form und Titel in *Der große Schritt* (2007, Carrara Statuario Marmor, 300/50/150 cm). Dieser Stein wurde vom Land Burgenland angekauft und steht vor dem architektonischen Highlight und wichtigen musikalischen Veranstaltungsort Lisztzentrum Raiding.

Gesellschaftspolitische Aussagen, die sich grundsätzlichen Themen, aber auch konkreten widmen, sind Ulrike Truger ein Anliegen, wie der Fall des bei der Abschiebung erstickten Marcus Omofuma, an den der *Marcus Omofuma Stein* (2003, Granit Nero Assoluto Zimbabwe, 300/70/70 cm) erinnert. *Der Stein* steht heute am – später von der Stadt Wien so benannten – Platz der Menschenrechte vor dem Museumsquartier in Wien. Zunächst wurde *er* aber ohne Genehmigung vor der Staatsoper aufgestellt, nach zähen Verhandlungen mit Behörden und Politikern durfte *er* an der Ecke Mariahilfer Straße / Museumsquartier platziert werden. Finanziert wurde der Stein aber durch die Auflage von zehn Bronzeabgüssen des Modells und nicht durch einen Ankauf einer öffentlichen Stelle.

„Denkmalsetzungen" werden von Ulrike Truger wiederholt durchgezogen, um Aufmerksamkeit für dringliche gesellschaftspolitische Themen zu erregen. Ihre in Stein gemeißelten gesellschaftspolitischen Statements findet man im öffentlichen Raum, wobei das Aufstellen der Skulpturen in manchen Fällen in Eigenregie, als gedankenanregende Provokation, und wenn es sein musste im Widerstand zu Behörden bewerkstelligt wurde. *Die Wächterin* (1987/88, Carrara Statuario Marmor, 310/80/130 cm), die seit 2000 vor dem Wiener Burgtheater zu finden ist, wurde das erste Mal im Zusammenhang mit den Briefbombenanschlägen zum Einsatz gebracht und wurde später zum illegal gesetzten Statement gegen die schwarz-blaue Regierung. Sie versteht sich als „demokratische Instanz kultureller Wachsamkeit“ und darf seit 2004 legal ihren Platz weiter behalten.

Stein: Festigkeit und Dauerhaftigkeit

Auf die Respektierung der Menschenwürde bezieht sich der *GIGANT, Mensch – Macht – Würde* (2009, Carrara Marmor 580/150/120 cm). Über diesen tatsächlich riesigen Stein mit dem Gewicht von 16 Tonnen schreibt Ulrike Truger: „stein repräsentiert festigkeit und dauerhaftigkeit. das sind eigenschaften, die heute nicht gefragt sind, schon gar nicht in der politik.“

Um die Facetten des Schaffens Ulrike Trugers zu umreißen, seien auch Projekte erwähnt, die einen Bezug zur Landschaft bzw. der Umgebung herstellen und gewissermaßen als kleinräumige Landart-Projekte europäischer Prägung zu sehen sind. *Der steinerne Fluss – Quelle – Welle – Wasserfall* (1991, Serpentin Tauerngrün, ca. 150 m lang) wurde in Ulrike Trugers Geburtsstadt Hartberg realisiert.

Eine Brunnengestaltung in der Fußgängerzone zeichnet den Verlauf des unterirdischen Stadtbaches nach. Ulrike Truger beschränkt sich also nicht auf den Ort des Brunnens, der die Quelle symbolisiert, sondern ihre Intervention durchzieht ein längeres Stück der Fußgängerzone. Wie eine Urgewalt durchbrechen die Felsen und Steine an einigen Stellen die Straßenpflasterung, als würde sich der Bach – die Natur – gegen die menschlichen Eingriffe, die Zubetonierung durch Steinplatten wehren. Die Arbeit birgt aber auch ein poetisches Moment. Sie evoziert ein romantisch plätscherndes Bächlein mitten in der Nüchternheit der Stadt. Ulrike Truger realisierte das Projekt, das aus einem künstlerischen Wettbewerb 1991 als Sieger hervorging und vollendete die Gestaltung mit der Mündung 1998, wo der „Bach“, sich durch Felsbrocken schlängelnd, in einen Teich mündend sein Ziel erreicht. Weniger Skulptur als Landart-Projekt war dies die erste Arbeit, die ich von der Bildhauerin sah, und die mich auf Anhieb ansprach und auf Ulrike Truger aufmerksam machte.
Auch *Grat* (1989, Lindabrunner Konglomerat, ca. 15 m lang), tritt in ein Wechselspiel mit der Landschaft und hebt sich wie *Der steinerne Fluss* von den meisten Arbeiten insofern ab, als es nicht um geschlossene Körper geht, sondern um eine sequentielle Intervention mit der Umgebung. Im Falle des *Steinernen Flusses* ist es die Pflasterung der Einkaufsstraße, bei *Grat* der Trockenrasen auf dem Gelände des Bildhauersymposiums Lindabrunn. Auch bei dem Projekt *Grat* spielt die Ambivalenz von Naturbelassenheit und technischem Eingriff durch Menschen, den die kubisch-glatten Einschnitte verdeutlichen, eine Rolle.
Die in Buchschachen und Wien lebende und arbeitende Ulrike Truger setzt also Statements des Widerstandes – als Künstlerin, als Frau, als gesellschaftlich und politisch Engagierte.

Wolfgang Millendorfer

garish und die Liebe

Wir schreiben das Jahr 1997: Klon-Schaf Dolly stellt sich der Öffentlichkeit vor, Tony Blair wird Premierminister des Vereinten Königreiches, die Groschenheft-Serie *Wildwest-Roman* wird zu ihrem 40. Geburtstag mit Band 1.859 eingestellt, Black Sabbath kommen in Originalbesetzung wieder zusammen und auf der Klimakonferenz von Kyōto verpflichten sich die führenden Industrieländer, ihre Treibhausgas-Emissionen zu senken – jetzt aber wirklich! Apropos: Klima folgt Vranitzky als österreichischer Bundeskanzler nach. Der Alpensteinbock ist das Tier, der Buntspecht der Vogel des Jahres.

Wir schreiben das Jahr 1997: Im Gymnasium Mattersburg schreibt eine Schulband ihre ersten Songs. „Wir waren ja nie eine Schulband." Stimmt. *[Achtung, Fehler, Herr Erzähler!]* Wir schreiben das Jahr 1997: Im Gymnasium Mattersburg beschließen die Brüder Thomas und Christoph Jarmer, Kurt Grath, Markus Perner und Julian Schneeberger, fortan als Band durchs Leben zu gehen. Das Quintett gibt sich den Namen garish – garish wird zumeist klein geschrieben und bedeutet … ja, was denn eigentlich? Laut Englisch-Wörterbuch: grell, auffällig oder herausgeputzt.

Wir schreiben das Jahr 1597 – und William Shakespeare lässt seine Julia klagen und sagen: „… that all the world will be in love with night and pay no worship to the garish sun." Exakt 400 Jahre später stolpert Thomas Jarmer über dieses eine Wort und ist von dessen Klang so angetan, dass die Entscheidung schnell fällt. Der Rest ist Band- und burgenländische Musikgeschichte.

Schon in jungen Jahren kommen garish – etwa am Festivalgelände in Wiesen – mit großen Namen der Szene zusammen, nur wenig später werden sie als *Hoffnungsträger der deutschsprachigen Popmusik* und kurz darauf als *wahrscheinlich Österreichs wichtigste Popband* bezeichnet. Bis heute haben sie sich nichts anmerken lassen, sind auf dem Boden geblieben, stehen an der Bar des Mattersburger Stammlokals ebenso gut da wie vor Tausenden am internationalen Indie-Fest oder auf der Bühne des Burgtheaters. Diese unaufgeregte Herangehensweise macht nicht nur einen Teil des garish-Charmes aus, sie ist auch ein anderes Wort für Besonnenheit – denn mit einer solchen

werden Alben aufgenommen, bis zum heutigen Tag sieben an der Zahl. Zwischen „amaurose pur" und „Trumpf" liegen 14 Jahre. Eineinhalb Jahrzehnte, in denen man sich nicht einfach weiterentwickelt, sondern vielmehr neu erfunden hat, und das gleich mehrmals.

„Keine Schublade!"

„Mit jeder neuen Aufnahme stellte die Band – und das eher unbewusst – den Anspruch, ein weiteres in sich geschlossenes Album zu schaffen", blickt Thomas Jarmer zurück. „Dabei ist Musik entstanden, die damit verbunden in ständigem Wandel ist. Wobei sich auch der Schaffensprozess von Platte zu Platte veränderte, weiterentwickelte." Was unterm Strich ein Lied wird, sei aus Sicht der Band letzten Endes das Produkt der Anziehungskraft untereinander. Oder ganz einfach, wie Julian Schneeberger kurz und gut zusammenfasst: „Keine Schublade! Ein eigener Kosmos!"

Begleitet vom berechtigten Ruf einer immens fleißigen und bewegenden Live-Band, spielen garish lustvoll mit Stilen und Einflüssen und pflegen – literarisch wie musikalisch – eine gleichermaßen leichtfüßige wie leicht schwermütige Poesie, die nicht zuletzt auch das Burgenländische in die Welt hinausträgt. Selbst wenn sie zwar oft und gerne die gute alte Quetschn, doch eher selten die Tamburizza zur Hand nehmen und noch nie im Mattersburger Dialekt gesungen haben. Aber das kann ja noch kommen. Der eigene Kosmos, von dem hier die Rede ist, setzt sich, wie das so ist, aus vielen Galaxien zusammen. Zum Urknall kam es – wie so oft – einst in der Cselley Mühle in Oslip. Hier trafen die blutjungen garish anlässlich des Bandwettbewerbes '97 mit Hannes Tschürtz zusammen, der in der Folge die ersten Auftrittsmöglichkeiten an Land zog und bald schon zum Manager wurde. Historisch, weil der erste Schritt zur eigenen Agentur, die unter dem Namen *ink music* höchst erfolgreich durch die Musiklandschaft segelt. „Wer weiß", sagt Tschürtz, „wo heutige Vorreiter der österreichischen Popkultur wie Bilderbuch, Clara Luzia oder Ja, Panik wären, hätte es diese Konstellation und die daraus resultierende Geschichte nicht gegeben ..."

Maßgeblichen Einfluss auf den Klang der Band hatte auch Produzent Thomas Pronai, der nicht nur selbst in der Szene umrührt, sondern in seinem Studio – das wiederum in der Mühle beheimatet ist – alles versorgt, was Rang und Namen hat. Gemeinsam mit Tschürtz und Pronai gründeten garish anlässlich ihres Albums „Absender auf Achse" im Jahr 2004 *schoenwetter schallplatten*. In den folgenden Jahren veröffentlichten Bands wie die bereits erwähnten Bilderbuch oder Flashbax (die später als Ja, Panik gefeiert werden sollten) ihre ersten Alben auf dem burgenländisch-internationalen Label, ebenso Künstler aus England, den USA, Dänemark, Schweden oder Malta. Das Label ist seit 2007 in die Agentur *ink music* eingegliedert. Dort sind auch garish nach wie vor daheim. Wie sehr sie das sind, das habe ihnen nach eigenen Angaben nicht zuletzt ein früheres „Experiment" mit einem Plattenriesen gezeigt. Ihre Rückkehr zelebrierte die Band mit dem wunderschönen Album(-Titel) „Wenn dir das meine Liebe nicht beweist". Ein Projekt, das 2010 mit einem Förderpreis der Burgenlandstiftung – Theodor Kery unterstützt wurde. Die Liebe spielt nämlich keine kleine Rolle. Es geht in der Musik, in der Kunst wohl darum, emotional daheim zu sein. Wie die *ink-* und *schoenwetter-*Familie insgesamt eine – ja, familiäre Stimmung zu versprühen versteht.

Und somit drängt sich schon das Stichwort auf, das mit Blick auf 19 Jahre garish nicht unbeachtet bleiben kann: Familie. Es liegt auf der Hand, dass man längst zu einer solchen geworden sein dürfte. Klar, die Musiker haben allesamt selbst Familie und können eine beachtliche Reihe an kreativen Zweit- und Dritt-Jobs aufweisen – aber 19 Jahre: Das geht nicht ohne Zwischenmenschliches.

Da verwundert es nicht, dass in einer solchen Bandgeschichte auch ein Abschied Platz finden muss. Im 18. Jahr trennten sich die künstlerischen Wege von garish und Christoph Jarmer. Letzterer steht nach wie vor mit dem Projekt Esteban's auf der Bühne und verarbeitete das Gewesene 2015 im Album „overthrown" (zu Deutsch: umgestürzt). Und auf gut Burgenländisch erklärt er diesen Titel als „reinigendes Gewitter": „Es hat ordentlich gedonnert und danach ist die Luft wieder frisch." Die Zeit mit garish, meint Christoph Jarmer, habe ihn geformt und geprägt, er selbst wolle nun aber lieber solo an seine Musik herangehen. „Ich muss damit nicht mehr die Welt erobern."

Neue Wege mit neuer Musik

Wollen das garish – die Welt erobern? „Weniger die Welt als vielmehr den eigenen Mikrokosmos! Wir wollen neue Musik, die in dieser Konstellation steckt, herausholen." Wie einem das – eher logistisch als romantisch betrachtet – gelingen könnte, ist als Frage ein ständiger Begleiter. Fest steht nur, dass man es auch weiterhin tun wird, und zwar als Quartett. Die Trennung von Christoph sei eine rationale Entscheidung beider Seiten gewesen, meint Thomas. „Es war natürlich kein leichter Schritt. Wir fünf sind miteinander erwachsen geworden und haben etwas geteilt, das man mit anderen Beziehungen nur schwer vergleichen kann." Nachdem man sich dazu entschlossen hat, garish zu viert weiterzuführen, heiße es nun, entsprechend auf den Busch zu klopfen, sich von neuen Anziehungskräften leiten zu lassen, sich – auf ein Neues – selbst zu überraschen.
Und so schreiben wir also das Jahr 2016: Die Welt hat viel zu tun und große Sorgen. Österreich wählt einen neuen Bundespräsidenten und viele wünschen sich, dass das Fußball-Nationalteam Europameister wird. Der Stieglitz ist der Vogel, die Große Teichmuschel das Weichtier des Jahres (im internationalen Jahr der Hülsenfrüchte). Der junge, wilde Austropop will noch immer nicht so genannt werden und erholt sich gerade vom jüngsten Hype. Und was machen garish? Sie lassen sich nichts anmerken und arbeiten an ihrem achten Album. Und wir freuen uns darauf und sind gespannt.

Wohin die Reise geht? Ganz einfach: „Es geht weiter!"

Markus Stefanitsch

Denn sie wissen nicht, was sie tun. Gut so

Die Cselley Mühle in ein paar Worten zu beschreiben, ist beinahe ein Ding der Unmöglichkeit. Noch dazu gibt es unzählige Möglichkeiten, den Blickwinkel auf die seit 1515 bestehende Örtlichkeit festzulegen. Je mehr man sich mit dem Kultur-Aktionszentrum beschäftigt, umso mehr versteht man den oft zitierten und längst kultigen Satz des damaligen Unterrichtsministers und Burgenländers Fred Sinowatz: „Ich weiß nicht, was ich eröffne, aber ich eröffne es." Und somit ist es auch als großes Kompliment für die Gründerväter zu sehen, wenn man dem Satz dieses großen Bildungs- und Kulturpolitikers des Burgenlandes noch heute Gültigkeit zuspricht.

Denn die „Müh'" mit ihrer unglaublichen Vielseitigkeit und die fesselnde Ausstrahlung dieses Ortes sowie der dort handelnden Personen sind noch immer in keine Schublade zu stecken. Eines ist gewiss: Die Cselley Mühle hat was mit dem Burgenland gemacht. Im Stillen und Leisen. Im Lauten und Schrillen. Immer im Positiven.

Beinahe ebenso lange wie es die Burgenlandstiftung – Theodor Kery gibt, gibt es auch die Cselley Mühle in Oslip – wenn man also so will, entstand das burgenländische Aktionszentrum (Eröffnung am 28. Mai 1976), als die Stiftung gerade noch in den Windeln lag. Wäre die Cselley Mühle eine Person, würde man sie zweifelsohne als Ikone der burgenländischen Kulturszene bezeichnen. Diese Ikone wurde bereits in zahlreichen Festschriften, Jubiläumsausgaben und Ehrungen gefeiert, gehuldigt und im wahrsten Sinne des Wortes unter Denkmalschutz gestellt. Zu Recht.

Einzigartig, belebend, berauschend

Denn das, was das Duo Sepp Laubner und Robert Schneider gemeinsam mit Hans Bögl aus dem Hut gezaubert haben, ist einzigartig, belebend, berauschend, unterhaltend, bildend und bis heute unnachahmbar. Man stelle sich vor, was aus dem Burgenland geworden wäre, hätte es die „Müh'" nicht gegeben. Wie viele Künstlerinnen und Künstler wären wohl weiterhin ihrem Brotberuf nachgegangen? Wie viele Ehrungen und Veranstaltungen wären wohl in einem sterilen, faden „Kulturhaus" irgendwo in einer Landes- oder Bezirkshauptstadt des Landes

CSELLEY
MÜHLE
GALERIEBEISL
URSUMPF
JAZZGWÖLB
GALERIE
1. STOCK

abgehalten worden? Wie viele Hochzeiten wären wohl ohne die Magie und den Zauber des einzigartigen Vierkanthofes über die Bühne gegangen? Wo wäre sonst so herzhaft über den einen oder anderen Kabarettisten gelacht worden? Wo im Burgenland wäre sonst so viel Platz gewesen für Gedanken über (sanfte) Revolution, Freiheit und einfach Anderssein? Welche bekannten Austropop-Stars und internationalen Künstler wären wohl je in die Nähe des Burgenlandes gekommen, wäre nicht die ehrwürdige Halle im Stadl gestanden?

Kurzum: Vieles wäre einfach nicht passiert, hätte es die Ikone „Cselley Mühle“ nicht gegeben. Das Universum und Fred Sinowatz mussten es also sehr gut gemeint haben mit den Oslipern und dem Land.

Alle Engpässe und Überlebenskämpfe überstanden

Natürlich hat es auch Krisen gegeben und es waren viele Steine im Weg, die Laubner, Schneider, Bögl und viele, viele Helferinnen und Helfer immer wieder aus dem Weg räumen mussten. Außerdem sind die „Müh'“ und das Geld stets ein Thema. Doch die „Müh'“ ist zäh und widerstandsfähig und ließ sich von diversen Engpässen und Überlebenskämpfen nie unterkriegen. Nach dem Motto „Was dich nicht umbringt, macht dich nur stärker“ steht das Aktionszentrum seit Jahrzehnten als Fels in der burgenländischen Kulturbrandung. Das ist vielleicht auch die offensichtlichste Verbindung zwischen Oslip und dem „Erfolgsland Burgenland“: Durchhaltevermögen und Selbstbewusstsein. Denn wären die Verantwortlichen der „Müh'“ bei jedem Gegenwind durch Politik, Banken und auch der Kulturszene selbst in die Knie gegangen, wäre das Areal in Oslip schon längst der einen oder anderen Genossenschaft zum Opfer gefallen oder von „bunten“ Wohnblöcken zugepflastert.

So aber steht noch heute etwas im Burgenland, bei dem man vielleicht nicht wissen muss, was es ist, aber wissen muss, dass es was ist, was für jeden Besucher was Besonderes ist. Wenn man so will, kann man in der Cselley Mühle am besten fühlen, was das oft zitierte burgenländische Lebensgefühl sein kann. Über den burgenländischen Wein kann man außerhalb der Landesgrenzen erzählen, wie gut er ist. Genauso über die schönen Landschaften, die netten und gastfreundlichen Menschen oder die vielen Sonnentage. Will man aber das Burgenland fühlen, dann kann man das gerade in der Cselley Mühle besonders gut. Egal ob Kunstausstellung, Literatur, Workshops, Seminare, Ehrungen, Weinverkostungen, Konzerte, Kabaretts: Die einzigartige Stimmung, die innerhalb der Cselley Mühle herrscht, kann man nicht mit Worten oder Bildern vermitteln, die muss man inhalieren. Und einmal inhaliert, ist es schwer, wieder davon los zu kommen.

Bei der Cselley Mühle ist der Weg das Ziel. Wie so oft beschrieben und zitiert, gibt es die Vollendung nicht. Zum Glück. Die „Müh'“ ist, was sie ist. Ein Gesamtkunstwerk des Burgenlandes. Und möge der Sinowatz Fred noch viele Jahrzehnte lang zitiert werden.

Wolfgang Weisgram

Auf den Spuren der alten Iren

Der Appetit, sagt man, kommt beim Essen. Und so ist das wohl auch mit dem Wissensdurst. Die ersten, richtungsbestimmenden Schlucke hat David Stifter im Oberpullendorfer Gymnasium getrunken. De bello gallico lasen sie, wie alle anderen Lateinschüler auch. „Die Ausgabe, die wir verwendeten, hatte hinten eine kleine Etymologie keltischer, also gallischer Ausdrücke. Das hat mich am meisten interessiert." Parallel dazu las – was heißt? verschlang – Stifter die erläuternden Kommentare zu dem doch recht einseitigen Eigenlob von Julius Caesar, jenes Mannes, von dem sich das Wort Kaiser herleitet: die Abenteuer des kleinen, gallischen Widerstandskämpfers namens Asterix. Und schon war es um den jungen Mann geschehen. Er bekam Appetit und verirrte sich in die Sprache hinein.

Der Lebensweg des 1971 ins schöne Weppersdorf geborenen David Stifter führte von Oberpullendorf und durch den gallischen Krieg samt seinem gallischen Dorf vor fünf Jahren ins kleine irische Städtchen Maynooth, wo er seither auf dem hoch angesehenen Lehrstuhl für Altirisch thront. Klaus Taschwer, der Wissenschaftsredakteur der Tageszeitung DER STANDARD, war darob ganz aus dem Häuschen. Denn, so schrieb er damals: „Es ist ungefähr so, als würde hierzulande ein Spanier zum Ordinarius für Althochdeutsch ernannt. Oder in Paris eine Russin einen Lehrstuhl für Altfranzösisch erhalten." An der Uni in Wien hatte Stifter erst Latein und Russisch belegt. Aus Angst, ihm könnte dabei langweilig werden, inskribierte er bald auch Indogermanistik und widmete sich dem vergleichenden Studium der Sprachen dieser weitläufigen Familie, zu der auch die keltischen Sprachen zählen. Und bald schon hatte er sich ins Altirische geworfen, einen nicht gerade überlaufenen Abzweiger in der weiten Welt des Wissenswerten. Außer – so mutmaßt der Laie – in Irland selbst. Freilich täuscht man sich da gewaltig. Selbst das Neuirische, eigentlich Staatssprache in der Republik Irland, ist im Schulbetrieb eher unbeliebt. Es ist nicht leicht zu erlernen, auch weil es kaum im täglichen Gebrauch steht. Das Geläufige ist Englisch. „Die meisten", sagt Stifter, „hassen es, wie bei uns etwa Latein."

Apropos Latein: Dies hierzulande abzuschaffen als ein Schulfach – wie das zuweilen in Bildungsreformdebatten gerne, nun ja: deppertiert wird –, hält der Sprach-Ordinarius für eher keine sehr gute Idee. Latein sei nämlich

eine hervorragende Grundlage für einen wissenschaftlichen Zugang zu Sprachen, auch und gerade zu grammatikalisch so komplexen wie es das Altirische sei, denn der Lateinunterricht fokussiere nicht bloß auf „die praktisch kommunikative Ebene“, auf der dann die Sprache quasi nur Gerede ist; wenn auch nicht immer gleich ein blödes. Solch eine linguistische Basis ist vor allem bei der Erforschung sogenannter alter Sprachen unabdingbar. Altirisch also zum Beispiel, das Stifter sich erst im Selbststudium beigebracht hat einen Sommer lang, bevor er dann in Irland bei jenem Professor in die tiefere Lehre gegangen ist, auf dessen Lehrstuhl er seit mittlerweile fünf Jahren sitzt. Sechs Mitarbeiter widmen sich auf seinem Institut der altirischen Forschung und Lehre, „und keiner davon ist ein Ire“. Das läge nicht bloß daran, „dass irische Universitäten viel internationaler seien als bei uns“, sondern eben auch an der linguistischen Basis, die in der angelsächsischen Welt nicht so breit angelegt ist wie bei uns ja immer noch. Jedenfalls könne man, was das Altirische betrifft, „niveaumäßig mithalten.“ Das ist etwas untertrieben. Aus David Stifters Feder stammt ein, nein, *das* Lehrbuch der altirischen Sprache: Sengoídelc. Old Irish for Beginners. Erschienen ist es 2006. Einige tausend Exemplare wurden verkauft, „es ist das weltweit erfolgreichste Altirisch-Lehrbuch“.

Viele Studenten kämen, erzählt der Professor, „aus einer vagen Keltomanie heraus“. Bald freilich werde klar, dass es in der Keltologie – so ein Studium gab es bis vor wenigen Jahren auch an der Uni Wien – nicht um Druiden, weise Frauen und rätselhafte Steinkreise geht. Sondern um doch schweißtreibende Sprachstudien. Wer diese Erkenntnis unbeschadet übersteht, ist dann reif fürs eigentliche Geschäft: die Erhellung jener rätselhaften Vor- oder vielleicht sogar Nebenvergangenheit, an der die klassische Antike sich selber geschärft hat. Bis hin eben zu Julius Cäsar, der mit Hilfe der Kelten die korrupt gewordene Adelsrepublik Rom erst zu jenem Kaiserstaat gewandelt hat, den wir heute als Weltreich erinnern und zu unserem Fundament zählen. Die Kelten siedelten einst in einem weiten Bogen von Kleinasien – der Istanbuler Stadtteil Galata und sein Fußballklub Galatasaray Istanbul erinnern ganz Fußballeuropa daran – bis in den äußersten Nordwesten Europas und seine vorgeschobene Bastion, Irland eben. Auch Österreich war keltisch. Nachdem die Römer mit Gallia Cisalpina die fruchtbare norditalienische Ebene erobert hatten, stießen sie in ihrem Hunger nach Bodenschätzen über die Alpen nach Noricum. Im heutigen Burgenland lebte das große Volk der Boier, von deren Namen sich sowohl die Böhmen als auch die Bayern herleiten.

Viel freilich haben die Kelten hier nicht hinterlassen. „Ein paar Namen auf Grabinschriften, ein paar Ortsnamen.“ David Stifter hat sich diesem Thema – keltische Spurensuche in Österreich – sehr intensiv gewidmet, der Preis der Burgenlandstiftung – Theodor Kery des Jahres 2008 würdigte dieses Bemühen. Gerade in Ostösterreich – dort also, wo die Stürme der Geschichte oft mit Orkanstärke wehen – hat sich praktisch nichts erhalten, obwohl eine keltische Sprache wohl bis ins 2. Jahrhundert hier gesprochen wurde. Dann wurde es erst von Latein verdrängt, dann vom Slawischen usf.

Das Verschwinden von Sprachen ist, historisch betrachtet, ein ganz gewöhnlicher Vorgang. Aber einer, „der doch immer gewaltsam ist". Das muss nicht unbedingt physische Gewalt sein. Entscheidender noch sei die soziale Komponente, quasi das Ansehen einer Sprache. Das Neuirische ist ein recht anschauliches Beispiel dafür. „Irisch ist schwer unter Druck." Der familiäre Gebrauch hat sich, wenn schon nicht ganz aufgehört, so doch stark reduziert. Den irischen Nationalstolz lebte man lange Zeit im Katholizismus aus. „Es ist leichter, in die Kirche zu gehen als eine Sprache zu lernen." Über kurz oder lang werde Englisch das Neuirische gänzlich verdrängt haben. Eine Entwicklung, die dem Burgenland ja nicht ganz fremd ist. „Als Kind war mir nicht bewusst, dass im Burgenland so viele Sprachen gesprochen werden. Erst im Gymnasium, in Oberpullendorf, hab ich gemerkt, dass es bei uns auch Kroatisch und Ungarisch gibt. Das ist wirklich einzigartig." Beziehungsweise: wird einzigartig gewesen sein.

Er selber spreche, anders als viele das vermuten bei einem Sprachwissenschaftler, nicht viele Sprachen. „Englisch, Russisch, Irisch und ein bisschen Spanisch." Lesen könne er dagegen schon eine Menge, abgesehen von den romanischen – die er sich unschwer aus dem Lateinischen herleiten könne – klarerweise auch sehr ausgefallene. Und zur Not lerne er sie halt. Solches Versinken in den Tiefen der Sprachwelten hat sich früh schon angekündigt. Wäre er nicht Wissenschaftler geworden, wäre er vielleicht Literat geblieben. Geschichten, Hörspiele, Gedichte – mehrere Preise belegen das einschlägige Talent. Der schweizerischen Celtic-Metal-Band (ja, sowas gibt's) mit dem Namen Eluveitie schrieb er gallische Liedtexte. Da ist der Professor You-Tube-Star. „19 Millionen Clicks hat der Song schon."

Ob ihn das sozusagen freie Schreiben weiterhin dränge von innen her? „Jein", antwortet Stifter. Immer wieder, klar, greife er einschlägig zum Stift. Aber sein berufliches Schreiben – seine Publikationsliste wäre gebunden ein ordentliches Büchlein und die Publikationen selbst ein ganzer Stoß an Büchern – nehme ihn nicht nur sehr in Anspruch. Es bereite ihm im Fall des Gelingens – dass auf einmal die Inspiration die Endorphine zum Tanzen bringt – auch ähnliche Glücksmomente. Zum Beispiel als er, im Gedanken beim Text einer Kollegin, auf einmal die Lösung hatte für ein jahrhundertealtes Rätsel. Selbst die Irish Times berichtete, dass der Professor, „originally from Vienna", einen bislang unverständlichen, kurzen Spruch in einer alten Handschrift als einen Beschwörungsspruch gegen Harnverhaltung und Blasenbeschwerden identifiziert hatte. Solche Glücksmomente kreativen Erkennens – wenn die Intuition plötzlich weiß, wonach der Verstand so lange schon gesucht hat – werden nun klarerweise ein wenig konterkariert. Immerhin ist er Ordinarius und hat entsprechende Verwaltungsarbeiten auf dem Institut und der Universität zu erledigen. Und das wohl noch ziemlich lange Zeit. David Stifter ist 45. Sein Posten ist ja, pragmatisiert quasi, definitiv. Und seine Enkerl werden dann wohl waschechte – also englischsprachige – Iren sein. Kann aber gut sein, dass David Stifter ihnen dann den Asterix so wird präsentieren können, wie der mit Obelix, Miraculix und all den anderen wirklich geredet hat. Auf Gallisch gibt es den kleinen Gallier nämlich noch nicht. „Ich warte drauf, dass mich wer fragt."

Christine Marold

Ein Glücksfall für das Burgenland

Bei seinem ersten Ausflug 1971 in das Südburgenland ist der junge und erfolgreiche Wiener Grafikdesigner Gerhard Kisser fasziniert von der mediterran anmutenden Landschaft und schwer beeindruckt von der Schönheit und Besonderheit der anonymen bäuerlichen Holzarchitektur. Traditionsliebend und kreativ, erkennt der Grafiker den kunst- und kulturhistorischen Wert dieser vergessenen Häuser, die ihren Gebrauchswert mit den Jahren verloren haben. Mit seiner ersten Frau Ilse und einem Freund sucht er nach einem Wochenenddomizil und stößt auf das letzte leer stehende, strohgedeckte, holzgezimmerte Haus in Gerersdorf bei Güssing. Angetan von der archaischen „Rauchkuchl" kaufen sie es samt einem Hektar Grund. Alles ist desolat. Das Feuer der Begeisterung lässt ihn jedoch vergessen, dass man als jugendlicher Städter keine Ahnung von Bauen und Sanieren, kein Wissen über traditionelle Holzbauweise hat, ja nicht einmal über das richtige Werkzeug und den Umgang damit Bescheid weiß. Selbst die heanzische Mundart der Bevölkerung bereitet anfangs Verständigungsprobleme. Und dann war da noch die Frage: Wie viel handwerkliches Geschick, körperliche Kraft und vor allem wie viel Zeit und Geld würden erforderlich sein, so eine Renovierung zu stemmen? Die Strecke Wien-Südburgenland fährt man mit dem Auto in fast drei Stunden, die Autobahn endet damals bei Wiener Neustadt. Der Freund, der sich anfangs an diesem Abenteuer auch finanziell beteiligt, zieht sich bald zurück.

In den umliegenden Dörfern entdeckt Kisser dann auch ein nicht mehr genutztes Blockhaus, später einen verfallenen doppelstöckigen Schüttkasten. Nach und nach erwirbt er ein weiteres Wohnhaus, kauft Kreuzstadel, Kellerstöckl, Presshäuser und einen Kitting. Um sie zu retten, sucht er nach einer neuen Nutzung für die Häuser. Der Traum von einem Freilichtmuseum nimmt langsam Gestalt an. Im Laufe der Jahre erwirbt er weitere historische Schätze, u. a. eine alte Dorfschmiede, Bienenhäuser und eine Tischlerei.

Kisser kauft die Objekte, nimmt Kredite auf. Mit Nachbarn, kundigen Helfern, Freunden aus Ungarn und den Heiligenbrunner Strohdeckern baut er die Objekte an ihrem jeweiligen Standort ab, die Holzbalken werden Stück für Stück sorgfältig nummeriert und nach Gerersdorf bei Güssing transportiert. Hier werden sie in mühevoller Arbeit akribisch und detailgetreu wieder aufgebaut. Noch heute erinnert er sich an das Gewicht jedes einzelnen Bal-

kens. Sämtliche Sanierungsmaßnahmen erfolgen unter strenger Einhaltung aller Vorschriften des Denkmalschutzes. Wertvolle wissenschaftliche Unterstützung erhält Kisser in den 1980er Jahren vom Institut für Volkskunde der Universität Wien und von Museumsexperten aus Szombathély und Budapest. Die gesammelten Gerätschaften – von der Ackerwalze und der Getreidewinde bis hin zum Kienspanhalter aus dem 16. Jahrhundert – stammen so wie die Holzhäuser großteils aus den Dörfern des Südburgenlandes und dem angrenzenden Westungarn, zu dem das Burgenland ja bis 1921 gehörte. Jeden verdienten Schilling, später Euro, aus dem gut gehenden Brotberuf, gibt Gerhard Kisser mittlerweile für sein Museumsprojekt aus. Bei aller Liebe dafür kalkuliert der Gründer seinen monetären Bedarfsplan aber nicht weit genug. Das Land Burgenland und das Bundesdenkmalamt unterstützen sein Lebenswerk, dennoch ist eine Vereinsgründung 1996 unausweichlich. Kisser überschreibt Gebäude und Grundstücke dem Verein „Freunde des Freilichtmuseums Gerersdorf", deren Basis die wirtschaftliche Führung durch den Vereinsvorstand ist. Das Land übernimmt die ausstehende finanzielle Last und sichert dem Museum eine jährliche Fördersumme aus dem Kulturbudget zu.

„Der depperte Wiener verschandelt uns den Riegelberg mit lauter schiache Hütt'n". Kisser, der verfallenen Häusern eine neue Heimat geben und Traditionen erhalten will, muss anfangs gegen Vorurteile der Einheimischen ankämpfen und Verständnis aufbauen. Dabei hat seine persönliche Berufung so gar nichts mit seinem privaten und beruflichen Weg zu tun. Gerhard Kisser ist Jahrgang 1941 und ältester von drei Söhnen, stammt aus kultiviertem Elternhaus in Wien, sein Vater ist Arzt, sein Onkel Universitätsrektor. Die Familie hat ein Bauernhaus im Weinviertel, wo Gerhard die erste Klasse Volksschule besucht, wo ihn die Ursprünglichkeit des Landlebens gefangen nimmt und er Grünräume, Ackerlandschaften, Farben und Lichtstimmungen in sich aufnimmt. Nicht das Schottengymnasium im Herzen Wiens, sondern die qualifizierte Ausbildung an der Grafischen in Wien absolviert er mit Auszeichnung. Nach Meisterklasse und Diplom beginnt er ein Studium an der Akademie der Bildenden Künste am Wiener Schillerplatz, belegt ein Gastsemester an der Kunstakademie in Kairo und arbeitet in Wien sehr erfolgreich als selbstständiger Werbegrafiker. Die breitgefächerte Erfahrung und Praxis im gebrauchs- und werbegrafischen Bereich prägen Gerhard Kissers Schaffen stets auch als Künstler. Die Perfektion der Zeichnung ist ihm wichtig, sein Stil ist naturalistisch, seine landschaftlich geprägten Arbeiten sind unverwechselbar und von hoher künstlerischer Qualität. Die intensive Auseinandersetzung mit verschiedenen Techniken und illustratorischen Möglichkeiten machen den Vielgereisten zum gefragten Kunstkenner. Der Radius seines künstlerischen Talents ist so groß, dass er Kurator der bedeutenden Kunstsammlungen des Wiener Musiksaitenproduzenten und Mäzens Peter Infeld wird. Von 1996 bis 2014 organisiert Kisser zweihundert hochkarätige Ausstellungen im In- und Ausland mit Arbeiten europäischer und internationaler Künstlerpersönlichkeiten, darunter allein sechzig Expositionen in Gerersdorf. Galeristen und Kulturmanager schätzen die Arbeit des kreativen Kurators, der den Kunstmarkt kennt wie kaum ein anderer. Die Gugginger Künstler etwa, Hrdlicka, Hundertwasser, Helnwein, Warhol und viele andere spielen eine wichtige Rolle in Kissers künstlerischem Leben, einige wie Hans Staudacher, Tone Fink und

Peter Skubic werden zu Freunden, kommen ins Südburgenland, stellen hier aus oder bleiben für immer, wie der polnische Maler Henryk Rys Mossler, der 1976 anlässlich der Eröffnung des Freilichtmuseums seine Bilder präsentiert.

Das Freilichtmuseum Gerersdorf zählt heute über 30 Objekte und ist aus der lebendigen Kulturszene des Südburgenlandes nicht mehr wegzudenken. Konzerte des Güssinger Kultursommers aber auch Handwerks- und Kreativkurse sind Fixpunkte in der Gemeinde Gerersdorf-Sulz-Rehgraben. Hierher bringt Kisser internationale Künstler, moderne Klassiker aus der Infeld-Sammlung. Bilder von Hausner, Ernst Fuchs, Picasso, Chagall, Miró, Dalí und Kunst aus dem alten Tibet stellt er im Saal des Freilichtmuseums aus, das Publikum ist begeistert. Heute sind es jährlich mehr als zehntausend Besucher, die sich das vielfältige Angebot im Freilichtmuseum nicht entgehen lassen. Kisser, der längst selbst zu einem Einheimischen geworden ist, öffnet die musealen Gebäude für bildende und darstellende Künstler, für Musiker aller Genres, Literaten und Kabarettisten, für arrivierte Kräfte und junge Talente. Immer an der Seite des Museumsleiters Kisser ist seine Frau Eveline Niederbacher-Kisser. Sie engagiert sich unermüdlich und unentgeltlich in der Museumsarbeit, im Vorstand, bei der Programm- und Terminplanung.

Das Burgenland, speziell die südburgenländische Region, verdanken den Kulturhotspot Gerersdorf einem Menschen, der erkannt hat, dass Tradition, Kunst und Vision sich ideal ergänzen. Die nächsten Jahrzehnte, so sagen Experten, werden zunehmend der Sinnorientierung und Wissenssuche gehören. Mit der Schaffung seines Freilichtmuseums vermittelt Gerhard Kisser tausenden von Menschen den Blick auf vergangene gesellschaftliche Wirklichkeiten und treibt so wie kein anderer einen identitätsstiftenden Prozess voran. Eine uneigennützige, überregionale Kulturleistung, die die Burgenlandstiftung – Theodor Kery 1990 mit einem Förderpreis bedachte. Gerhard Kisser ist für sein Engagement mehrfach geehrt worden, so auch 2007 mit dem Berufstitel Professor für Kulturvermittlung und Museumspädagogik und mit dem Award Kunstmediator 2012.

Walter Schneeberger

Regisseur mit Seele und Genauigkeit

Freitag, früher Abend in der Gaststube des Jazz Pubs Wiesen. Salsa-Tänzer machen gerade Pause. Franz Bogner serviert ihnen Mineralwasser und Spritzer. Aus dem Saal dringt leise Musik. Wolfgang Murnberger (M) und Walter Schneeberger (S) sitzen an einem kleinen Tisch bei zwei halbleeren Flaschen „Kobersdorfer Bier" und unterhalten sich.

Murnberger (M): Seltsam, dass ich in das Kapitel Literatur/Publizistik rein soll. Ich wollte, dass der Bereich wenn schon nicht Film, dann z. B. „Medien" lautet. Aber sie haben mir gesagt, es bleibt dabei, weil ich ja im Jahr 1992 auch den Preis in dieser Sparte bekommen habe.

Schneeberger (S): Ich weiß, aber ich soll das Interview halt so führen, dass es mehr in Richtung Medien/Kultur läuft, haben sie gesagt. Und die Leute kennen dich ja eh als Filmemacher.

M: Na eh. Es ist nur, weil ich halt gerade auch an der Literatur gescheitert bin. So wie übrigens auch an der Musik und der Malerei.

S: Wie das?

M: Als ich noch ins Gymnasium ging, wollte ich Musiker werden. Ich spielte Gitarre in einer Band – war aber musikalisch zu schwachbrüstig. Und ich konnte ja nicht einmal Noten lesen. Das ging irgendwie nicht auf Dauer.

Franz Bogner bringt zwei frische Kobersdorfer Bier und mischt sich ein: „Was, du hast keine Noten gekannt - wie hast du das gemacht? Und jetzt willst eine Reunion mit deiner Jugendband Earl machen?" (lacht)

M: Beim Pop brauchst eigentlich eh nur Akkorde – das ist ja das Schöne am Pop. Und dass du so pathetisch sein darfst. Pathos und Pop, das geht voll super zusammen. So viel Pathos geht sonst in keiner Kunstform durch! Aber

ich hab gemerkt, die Musik ist nicht meins. Also wollte ich Maler werden. Ich hatte nach der Matura Germanistik inskribiert, mich aber in Wirklichkeit zwei Jahre lang für die Akademie (der bildenden Künste) am Schillerplatz vorbereitet. Bei der Aufnahmeprüfung hab ich an der Verknotung meiner eingereichten Mappe gemerkt, dass sich niemand zuvor meine 20 Werke angesehen hatte. Die Mappe wurde vor mir zum ersten Mal geöffnet. Ich war schockiert über diese Ignoranz. Die Herren Professoren und Assistenten haben dann kurz auf zwei Blätter geschaut und mir eine einzige Frage gestellt, nämlich wo ich maturiert habe. Und dann: „Danke, das Kuratorium wird beraten". Das war's. Sie haben sich gar nicht für mich interessiert – und natürlich auch nicht aufgenommen. Wie den Adolf, das ist etwas, was ich mit ihm teile.

S: Mit dem Unterschied, dass du nicht in die Politik, sondern zum Film gegangen bist.

M: Noch nicht. Weil jetzt wollte ich das Studium der Germanistik beenden und Literat werden, hatte auch zu schreiben begonnen. Robert Musils Werke haben mich inspiriert: „Genauigkeit und Seele, darauf kommt's an", das war sein Motto. Das habe ich mir gemerkt, das ist auch mein Motto. Fast hätte ich den ersten Studienabschnitt geschafft, aber dann bin ich an mittelhochdeutscher Grammatik gescheitert. Damals war ich oft in Programmkinos und habe den künstlerischen Film erst für mich entdeckt. Besonders Luis Buñuel mit seinen surrealistischen Filmen: „La chienne andalue – der andalusische Hund", wow! Das war wie eine Erweckung. Ich wollte ja schon mit der Malerei Surrealist werden, wie Rudolf Hausner, Ernst Fuchs.

S: Gut, dass du nicht Maler geworden bist! Weil die Hochblüte des phantastischen Realismus ist ja wohl vorbei.

M: Eh ... Auch meine besten Freunde haben gesagt, ich soll doch Filme machen, weil ich mit meinen Bildern immer Geschichten erzählen wollte. Ein Zufall hat mich dann auf die Filmakademie gebracht. Ich hatte mich als Statist für einen Kurzfilm beworben – und dann hat es mir dort gleich so getaugt, dass ich mir die Bewerbungsunterlagen geholt habe.

S: Die Filmerei wär ja von Anfang an eigentlich logisch gewesen, deine Eltern haben ja neben der Tankstelle ein Kino gehabt, du bist quasi ja im Kino aufgewachsen.

M: Für mich war das Kino in Wiesen Kommerz, ein reines Geschäft halt. Das hatte nichts mit Filmkunst zu tun. Die letzte ausverkaufte Vorstellung war: „Ich bau dir ein Schloß" mit Heintje. Auf die Aufnahmeprüfung an der Filmakademie habe ich mich heimlich vorbereitet und zu Hause nichts gesagt. Meine Eltern meinten ja, wenn ich schon nicht Jurist oder Doktor werde, dann wenigstens Deutsch-Professor.

S: Und diese Aufnahmeprüfung ist dann offensichtlich besser verlaufen?

M: Die Kommission war hingerissen von meinem kleinen surrealen Super 8 Film. Ein Bub stürzt mit dem Fahrrad, die Rettung kommt und nimmt nicht den Buben, sondern einen Randstein mit, etc. etc. Ein Professor hat mir später erzählt, dass sie total verwundert waren, als sie mich dann danach persönlich gesehen haben, weil sie einen lustigen Menschen erwartet hatten. Und dann kam ich: still, ängstlich, schüchtern. Sie waren im ersten Moment skeptisch, ob der Film wirklich von mir sein konnte und haben mir tatsächlich seltsame Fragen, Fangfragen zum Film gestellt. Aber ja, sie haben mich aufgenommen. Ich dachte, das ist jetzt meine letzte Chance. Ich war ja schon 23 und ohne Einkommen. Entweder das, oder Untergang. Meine Eltern waren sehr skeptisch, als ich von der bestandenen Aufnahmeprüfung berichtete, aber mit dem Argument „vielleicht nimmt mich ja später der ORF" konnte ich sie überreden, mich weiterhin finanziell beim Studium zu unterstützen.

S: Aber dann ist ja alles ganz schnell gegangen: Dein Abschlussfilm „Himmel oder Hölle" über deine Kinderzeit in Wiesen, auch über euer Kino, war gleich ein Megaerfolg. Du wurdest auf internationale Festivals eingeladen, hast den Max Ophüls-Preis bekommen. Und in Folge dann auch: den Preis der Kery-Stiftung, die damit auch ein Zeichen für Film und Kino im Burgenland setzen wollte. In der Kategorie Literatur, weil du an einem Drehbuch gearbeitet hast.

M: Das hat mir sehr geholfen damals, ca. 20.000 oder 30.000 Schilling. Eine Menge Geld für mein nächstes Projekt. Filmförderung hat es im Burgenland nicht gegeben, und gibt's leider bis heute nicht. „Himmel oder Hölle" wurde mit 5.000 Schilling aus dem Topf Fotografie gefördert, weil die auch Kameras und Filme benutzten. Ich habe ihnen erklärt, dass ich aber mit einem 24-Bilder-Fotofilm gerade eine Sekunde Spielfilm erzeugen kann, wenn es gut geht! Und deshalb hat auch noch der Landeshauptmann etwas für den Film drauf gegeben, und zwar aus dem Topf für die Erhaltung von Marterln und Kapellen. Unglaublich, oder?

S: Na vielleicht wegen des Titels „Himmel oder Hölle". Vier Jahre später kam dann mit „Ich gelobe" die Abrechnung mit dem Bundesheer, die Identitätskrise eines jungen Mannes am Land. Mit viel Liebe, Sex und Alkohol. Der Film hatte 54.000 Kinozuseher, wurde von Österreich für den Auslands-Oscar nominiert und gewann den Wiener Filmpreis. Wie wichtig sind dir Auszeichnungen und Preise?

M: Also ich mag nicht wehleidig klingen, aber dass ich heuer im Jänner beim Österreichischen Filmpreis keine einzige Kategorie gewonnen habe, das hat mich schon gekränkt. Wir waren mit dem neuen Brenner-Film „Das ewige Leben" ja mehrfach nominiert: bester Film, beste Regie, bestes Drehbuch, beste Musik, etc. Und nix gewonnen! 2015 der erfolgreichste österreichische Kinofilm. Super Kritiken im gesamten deutschen Sprachraum. Jetzt ist zu befürchten, dass es beim Österreichischen Filmpreis wie bei der Diagonale wird. Dort bekommt schon lange ein sogenannter Kunstfilm, auch wenn er nicht gelungen ist, eher eine Auszeichnung als ein handwerklich gut gemachter Kinofilm, der auch beim Publikum ankommt. Da hörst du dann oft: „Ah geh, der ist ja eh im Kino erfolgreich, der braucht den Preis ja gar nicht." Oh du mein Österreich!

S: Aber du hast doch in der Vergangenheit zahlreiche Preise und Auszeichnungen bekommen.

M: Mein allererster Film „Himmel oder Hölle“ hat mir die Tür in die Filmwelt geöffnet. Und die kann sich rasch schließen, wenn du nicht auch diese Art der Anerkennung weiterhin bekommst.

S: Zumindest einen Preis hast du aber freiwillig zurückgegeben – die Goldene Erdbeere aus Wiesen!

M (lacht): Mich hat der Wiesener Bürgermeister in seiner despotischen Art rund um die Errichtung dieser hässlichen Garagentorfront des Feuerwehrhauses mitten im Zentrum von Wiesen so genervt, dass ich die Goldene Erdbeere zurückgegeben habe, die er mir irgendwann verliehen hat. Und das Witzige war, stell dir vor: Der Fotograf einer Zeitung kam zu spät und ich hab im Gemeindeamt gefragt, ob ich sie mir nochmal kurz ausborgen kann für ein Foto, aber die haben die Erdbeere nicht mehr hergeborgt. Dann hab ich Franz Bogner angerufen, ob er mir seine borgt, und er lacht ins Telefon: Ich habe meine schon längst zurückgegeben. Der Fotograf wollte aufgeben, da ist mir noch unser leider schon verstorbener Freund, der Völkerkundler Manfred Kremsner eingefallen – und jetzt kommt's: Der hatte die Goldene Erdbeere auch schon zurückgegeben. Ich glaub, das ist die einzige Auszeichnung, die sich wenige gerne behalten haben ...

**Franz Bogner bringt zwei Kobersdorfer Bier.
Und lacht ebenfalls.**

S: Dein größter kommerzieller Erfolg im Kino ist „Das ewige Leben“. Mehr als 280.000 Besucher haben die Verfilmung des Wolf-Haas-Romans, der ja von seinem Wortwitz, von den Charakteren und den Milieus lebt, gesehen. Wer das Buch liest, fragt sich: Wie kann man das nur verfilmen? Wie ist das gegangen?

M: Die Brenner-Bücher von Wolf Haas waren alle Bestseller und da ist natürlich die Frage einer Verfilmung aufgetaucht. Peter Patzak wollte eine TV-Serie daraus machen, so a bissl Richtung Kottan, aber Haas hat gemeint, wenn schon verfilmen, dann Kino. Und er hat einem Zeitungsreporter erzählt, so einer wie der Murnberger sollte das machen. Wir haben uns dann erstmals getroffen, das war 1998, und ich hab zu ihm gesagt, diese Romane sind unverfilmbar. Da passiert zuwenig fürs Kino, die Handlung ist nicht so interessant. Aber Haas: Die Handlung is wurscht! Es geht um die Charaktere, die Dialoge ... Da war noch nicht klar, welchen Roman wir nehmen sollten, aber ich hab dann begonnen, nach „Komm, süßer Tod“ ein Drehbuch zu schreiben. Ich hatte das Gefühl, der Roman geht noch am ehesten, weil er einen filmischen Showdown hatte.

S: Und wie bist du auf Josef Hader als Hauptdarsteller gekommen? Man hat ja fast das Gefühl, der Brenner ist ihm auf den Leib geschrieben worden?

M: Also Danny Krausz, der Produzent von DOR-Film hat erzählt, dass Josef Hader nach einer Schauspielpause nach dem Film „Indien“, wieder bereit wäre zu spielen. Hader hat zugesagt, allerdings war er noch ein Jahr lang mit seinem Kabarettprogramm eingedeckt. So wurde der Film um ein Jahr verschoben, und ich stand plötzlich ohne Projekt da. Eines unserer Kinder war schon da, eines unterwegs und ich ohne Arbeit! Ich sah mich schon als Hilfskellner im Jazz Pub jobben, was ich ja jahrelang gemacht hab. Da hat Danny, nachdem Josef Hader gegangen ist, gesagt, er hätte da eventuell was für zwischendurch und hat mir ein Fernsehdrehbuch über den Tisch geschoben.

S: Das war „Ach Baby, ein Baby“?

M: Ja genau. Als ich mir das Drehbuch durchgelesen habe, bekam ich Schweißausbrüche. Es war das schlechteste Script, das ich je in der Hand hatte.

S: Wohl, weil es das erste war, das nicht du geschrieben hast?

M: Nein, nein. Es war ganz einfach grottenschlecht. Ein TV-Movie für RTL. Zwei lesbische Frauen wollen ein Kind. Weil ihnen die Samenbank zu steril ist, suchen sie einen lebenden Samenspender. Die eine wird tatsächlich schwanger, verliebt sich aber in den Mann. Die Partnerin ist verzweifelt, doch der Mann entpuppt sich eh als Arschloch und sie kommt samt Baby zurück. Zum Schluss gibt es eine Hochzeit mit zwei weißen Bräuten.

S: Das klingt nach ziemlich viel Kitsch, aber durchaus aufklärerisch. Sozusagen die Vorwegnahme der ganzen Homo-Ehe-Debatten?

M: Stimmt, Alfons Haider und Günter Tolar hatten sogar einen Gastauftritt. Kathi Zechner war damals grad von RTL zum ORF gekommen und sie wollte den Film unbedingt haben, eben wegen der zwei Bräute in Weiß am Ende des Filmes. Ich wollte es nur machen, wenn man das Drehbuch noch überarbeiten durfte. Es war von einer deutschen Autorin und der verantwortliche Redakteur hatte es beim NDR schon dreimal in den Papierkorb geschmissen. Dann wechselte er zu RTL und das war sein erstes Projekt. Uli Breé und Rupert Henning haben das Drehbuch komplett überarbeitet. Da waren wahnsinnige Fehler drin – zum Beispiel eine Figur, die plötzlich ab der Hälfte einen anderen Namen hatte.

S: Also sag, wie ist der Film angekommen!

M: Ein Hammer: Tagesquotensieger in Deutschland. Bis heute sehr oft wiederholt. Und ich habe viele, viele Einladungen zu Schwulen- und Lesbenfilmfestivals aus der ganzen Welt bekommen. Als wir dann endlich „Komm, süßer Tod“ ins Kino brachten, hat mich der FALTER verrissen und geschrieben: „‚Komm, süßer Tod‘, eher so wie ‚Ach Baby, ein Baby‘“. Aber die Autoren haben dann sogar noch die Romy für das beste Drehbuch bekommen.

S: Hat der Film deinen guten Ruf ruiniert?

M: Die Qualitätszeitungen haben mich verrissen. Der STANDARD, Die Presse, überall die einhellige Meinung: „Komm, süßer Tod“ – das ist Kommerz. Das hat mich schon tief getroffen. Das war wie ein Wertewandel. Bei „Himmel oder Hölle“ und „Ich gelobe“ hymnische Zustimmung – außer in den Boulevardmedien. Krone damals negativ, Rudi John im Kurier empfand den Film wohl eher als „pubertären Schas“. Aber dann kommt „Komm, süßer Tod“ ins Kino, die Kritiker von der Niveaubank lehnen ihn ab, dafür überschlägt sich die andere Presse vor Begeisterung und Rudi John schreibt: „Kniefall vor dem Regisseur“. Sonderbare Welt, das Movie-Business!

S: Was braucht man für einen guten Film?

M: Genremix ist mein Rezept, oder Tragikkomödie wenn du so willst. Weil tragische Momente können leicht ins Komische kippen. Also z. B. bei einem Begräbnis ist Trauer angesagt. Man darf eigentlich nicht lachen, aber das Verbot ist so lächerlich, dass man vielleicht genau darüber schon wieder lachen muss (lacht).
Oder, wenn beim trauernden Witwer, am offenen Grab, vom neu gekauften Sakko das Preisschild heraushängt.

S: Welche, außer deine eigenen natürlich, sind deine Lieblingsfilme?

Franz Bogner, der uns zwei weitere Kobersdorfer Bier bringt, mischt sich ein: „Mein Lieblingsfilm ist ‚Panzerschiff Graf Spee‘, da war ich das allererste Mal im Kino, eh hier in Wiesen bei seinen Eltern. Und natürlich ‚Der Knochenmann‘, weil er mich an vieles hier in Wiesen erinnert, die Fleischerei, das Wirtshaus – und ‚Buena Vista Social Club‘, weil sie bei mir gespielt haben.“

M: Ha, alle deine Lieblingsfilme haben also mit Wiesen zu tun! Umghaut, man kann einen Thriller nicht besser machen, hat mich „Das Schweigen der Lämmer“. Da war alles so neu damals. Diese Intelligenz im Film, man muss mit dem eingesperrten Monster reden, um ein anderes mordendes Monster zu finden. Die junge Agentin, Jodie Foster, kommt am Ende selbst in Lebensgefahr ... also alles dramaturgisch super gebaut. Dann auch „Brazil“. Weil es ein Film ist, in dem alles erfunden ist. Ausstattung, location, story ... Ah Ja – „Shining“ gehört auch dazu. Der beste Horror-Film. Ein Film von Stanley Kubrick muss sowieso dabei sein. Einer der wenigen, der den Spagat zwischen Kunst und kommerziellem Erfolg geschafft hat.

S: Du hast gesagt, Genauigkeit und Seele sind das Wichtigste, das sind deine Prinzipien. Du hast als Regisseur fast 40 Spielfilme für Kino und TV gedreht, bei sehr vielen davon auch das Drehbuch geschrieben. Was ist denn dein genauester Film?

M: Das sind schon „Himmel oder Hölle" und „Ich gelobe". Klar, weil sie autobiografisch sind. Aber mit viel eigener Seele ist auch „Der Knochenmann" gemacht. Also mein dritter Brenner-Film. Da geb ich dem Bogner Franz schon recht, da hab ich mich richtig zu Hause gefühlt auf den Motiven: die Fleischhauerei, das Wirtshaus, das Land ...und das merkt man halt. Und er hat super Schauspieler. Hader sowieso, Josef Bierbichler, die Minichmayer, die mit dem Porsche Pauli, dem Sohn vom Wirten, unglücklich verheiratet ist. Deshalb steht sie auch im Rohbau und weint – das ist auch so ein burgenländisches Frauenschicksal: Sie steht im Rohbau und weint ... weil das Haus nicht fertig wird und die Ehe schon kaputt ist.

S: Was kommt noch. Welchen Film musst du noch unbedingt machen?

M: Den Abschluss meiner Trilogie. „Himmel oder Hölle" spielt 1970, da bin ich 10. „Ich gelobe" 1980. Und jetzt fehlt, wie ich 1990 als Dreißigjähriger, als Student mit dem Stadt-Land Konflikt umgehe. Sexualität, Tod und Kino, die drei Elemente. Der Bub kommt in die Stadt und lernt das Filmemachen. Da würde auch der Abriss unseres Kinos in Wiesen dazugehören – deshalb steht es ja noch immer. Ich hab gesagt, ihr dürft das nicht wegreißen, weil den Abriss brauch ich noch für meinen Film. Ich weiß nicht, vielleicht mach ich mich demnächst drüber.

S: Abschließende Frage: Willst du einmal einen Oscar bekommen?

M: Ich fliege nicht so gerne – ich fliege fast nie. Ich habe da immer a bissl das Gefühl, es ist der letzte Tag meines Lebens, wenn ich in ein Flugzeug steig.

Franz Bogner räumt die leeren Bierflaschen ab und lacht: „Bei meinem ersten Flug von Stockholm nach Wien sind wir in Kopenhagen zwischengelandet. So knapp über den Segelbooten, dass ich die Schwimmweste herausgezogen hatte – weil schwimmen kann ich auch nicht." Alle drei trinken noch ein Bier und tauschen vergnügt ihre allerschlimmsten Flugerlebnisse aus.

Silvia Freudensprung-Schöll

Grande Dame der burgenländischen Literaturszene

„Geschichten liegen auf der Straße, sie fahren in Einkaufswagen durch Supermärkte, lehnen in Mauernischen, schwirren durch Schwimmbäder, lagern im Rasen. Geschichten wohnen bei den Nachbarn, die meisten aber findet man im eigenen Haus …" – das ist das Geheimnis der scheinbar grenzenlosen Fantasie von Jutta Treiber. Aus alltäglichen Begegnungen und Beobachtungen werden in ihrem Kopf Geschichten und Bücher. Jutta Treiber schreibt seit ihrem 8. Lebensjahr. Damals kam ihr behinderter Bruder zur Welt und dieses Ereignis hat die Autorin sehr getroffen. Die Fassade ihrer bis dahin heilen Welt beginnt zu bröckeln und es entstehen tiefe Wunden. In ihrer Fantasie erschafft sie sich eine schönere Welt, eine Gegenwelt zur realen Welt und diese Geschichten schreibt sie nieder. Die zwei- bis dreiseitigen Märchen der 8-jährigen Jutta finden Gefallen und in diesem Zusammenhang kann sich die Autorin an die zwei schönsten Geschenke ihrer Kindheit erinnern: eine Buchhülle, die ihr ihre Mutter genäht hat, und in die Jutta Treiber ihre ersten Manuskripte steckt und einen Schreibblock, den sie in der 4. Volksschulklasse von einem Mitschüler geschenkt bekommt. Jutta Treiber verschenkt als Kind ihre Geschichten auch gerne, vor allem zu Weihnachten an ihre Tanten. Und auch sie mögen Juttas Geschichten. Durch diese Erlebnisse bestärkt, schreibt Jutta Treiber weiter. Sie spürt, dass ihre Geschichten und Märchen geschätzt werden. Die Familie von Jutta Treiber ist sehr kulturinteressiert und fördert ihre Begabung und Neigung.

Jutta Treiber wird am 10. Jänner 1949 in Oberpullendorf geboren. Ihre Eltern haben ein Möbelgeschäft. Ihr Großvater gründete das Kino Oberpullendorf, das heute von Juttas Treibers Sohn Oliver geleitet wird. Nach der Volksschule in Oberpullendorf besucht die Autorin das Gymnasium Eisenstadt, wo sie 1967 mit Auszeichnung maturiert. Danach studiert Jutta Treiber an der Universität Wien Germanistik und Anglistik. Von 1972 bis 1988 unterrichtet sie am Gymnasium Oberpullendorf Deutsch und Englisch.

1988 fällt Jutta Treiber eine mutige Entscheidung: Sie wird freiberufliche Schriftstellerin. Die Autorin steht vor einer neuen Herausforderung. Sie muss lernen, dass das Leben als Schriftstellerin ein sehr einsames Leben ist. In der Schule war sie umgeben von 70 Kolleginnen und Kollegen und 700 Schülerinnen und Schülern. Nun sitzt sie alleine zuhause vor ihrer Schreibmaschine, später ihrem Computer. Außerdem war bisher ihr Tag durch den Un-

terricht an der Schule großteils vorgegeben, jetzt bestimmt sie ihren Tagesrhythmus. Jutta Treiber schreibt fünf bis acht Stunden täglich. Sie macht die Erfahrung, dass das Schreiben eine knochenharte Arbeit ist. Auf den Musenkuss müsse man sehr lange warten und die Muse küsse einen selten und wenn, dann kurz, gesteht Jutta Treiber. Ihr erstes Buch „Ich will eine Geschichte schreiben" – eine Sammlung von Kurzgeschichten – erscheint 1979. Mittlerweile hat Jutta Treiber 50 Bücher veröffentlicht. Die Autorin schreibt für Kinder, Jugendliche und Erwachsene. Sie ist in allen Genres zuhause, trifft immer wieder den richtigen Ton, die richtige Sprache, egal ob sie Bilderbücher, Kinderbücher, Romane für Jugendliche und Erwachsene, Theaterstücke, Hörspiele, Kurzgeschichten oder Lyrik verfasst. Jutta Treiber ist eine alterslose Autorin – ihre Kinder- und Jugendbücher werden auch von Erwachsenen gelesen. Das 2015 erschienene Bilderbuch „Die Wörter fliegen" ist ein wunderbares Beispiel dafür. Jutta Treiber greift darin das Thema Demenz auf und vermittelt auf sehr sensible und poetische Art Kindern das Älterwerden und die Vergesslichkeit vieler älterer Menschen.

Jutta Treiber scheut sich nicht vor unbequemen Themen, sie schaut nicht weg, versteckt sich nicht und ist auch ein sehr kritischer Mensch. Sie hat Sinn für Humor und Sinn für Selbstironie, sie beschreibt in ihren Büchern aber auch die traurigen Seiten des Lebens. „Die tragischen, tiefernsten Dinge machen unser Leben genauso aus wie die schönen, lustigen Dinge", sagt die Autorin und in diesem Spannungsbogen bewegen sich ihre Bücher. Jutta Treiber kann sich gut in Tagträume verlieren. Am besten gelingt ihr das beim Rollerskaten. Je länger sie dahinrollt, umso leichter und leerer wird ihr Kopf und sie wird offen für neue Ideen, Gedanken und Buchprojekte. Mit ihren Buchideen geht sie sehr kritisch um, sie hinterfragt ständig, ob dieses Buch auch tatsächlich jemand lesen möchte. Schließlich schreibt Jutta Treiber für andere und nicht für sich selbst oder für ihr Seelenheil, dafür könnte sie auch Tagebuch schreiben, nein, sie schreibt für Leser und Leserinnen vom Kleinkind bis zum Erwachsenen.

Ein fertiges neues Buch in Händen zu halten, tut zum einen ihrer Seele gut, zum anderen macht die Veröffentlichung eigener Texte natürlich auch verletzlich. Die Autorin offenbart in ihren Büchern einen großen Teil ihrer Gedanken, sie präsentiert sich bis zu einem gewissen Punkt seelisch nackt. Trotzdem teilt sie ihre Bücher nach dem langen, einsamen Prozess des Schreibens gerne mit anderen Menschen. Ein einziges Mal in ihrem Schriftstellerleben hat Jutta Treiber vor der Veröffentlichung eines Buches Angst. Den ersten Teil des Romans „Die Zeit und Hannah" schreibt sie bereits 1986. Die Geschichte begleitet sie 20 Jahre, immer wieder arbeitet sie daran. „Die Zeit und Hannah" erzählt die Geschichte einer Frau in mittleren Jahren über drei Jahrzehnte, welche Schicksalsschläge sie erfährt und wie sie lernt, damit umzugehen. Der Roman ist sehr persönlich und autobiografisch gefärbt, daher zögerte die Autorin lange, ihn zu veröffentlichen. 2006 erscheint „Die Zeit und Hannah" und beschert der Autorin viel Lob und Anerkennung von Rezensenten, Leserinnen und Lesern, zumal Jutta Treiber damit ein neues Kapitel in ihrem Dasein als Schriftstellerin aufgeschlagen hat.

Zuvor war Jutta Treiber vielfach als Kinder- und Jugendbuchautorin in den Köpfen der Menschen präsent, obwohl sie immer auch Literatur für Erwachsene geschrieben hat. Die Kinder- und Jugendbücher von Jutta Treiber sprühen vor Fantasie und die Sprache der Autorin zieht kleine und große Leser und Leserinnen in ihren Bann. Jutta Treiber hat sich ihre kindliche Gefühlswelt erhalten, sie schreibt ihre Geschichten für Kinder und Jugendliche nicht aus der Erwachsenenperspektive, sondern schlüpft meisterhaft in die Welt ihrer kleinen und größeren Hauptfiguren. Der Autorin aus Oberpullendorf gelingt das, weil sie ihre Kindheit nicht vergessen hat, sie weiß, dass Kindsein nicht immer nur lustig und schön ist, sondern dass Kindsein auch traurig sein kann, dass vieles in der Kindheit und Jugend auch unheimlich weh tut. Diese Gabe, sich in Kinder und Jugendliche hineinzudenken, kommt ihr beim Schreiben eines Kinder- oder Jugendbuches zugute. Und egal, ob Jutta Treiber für Kinder, Jugendliche oder Erwachsene schreibt, ihre Geschichten berühren. Das ist der Autorin auch sehr wichtig, sie mag keine kopflastigen Bücher, sondern Bücher, die im Herzen berühren.

Jutta Treiber ist eine Ausnahmeerscheinung unter den österreichischen Schriftstellern. Es gelang ihr, nicht nur im deutschsprachigen Raum ihr Lesepublikum zu finden. Ihre Bücher wurden bisher in 23 Sprachen übersetzt. „Jutta Treiber" wird zum Beispiel auch in Korea, in China, in Japan, im Iran, in der Türkei, der Ukraine, in Estland, in Schweden, in Griechenland, in Spanien oder in Rumänien gelesen. Das zeigt, dass die Geschichten von Jutta Treiber Allgemeingültigkeit haben. Die Autorin freut das natürlich, außerdem ist es ein schönes Gefühl in einer japanischen Ausgabe seines eigenen Buches zu blättern und es tut dieser Freude keinen Abbruch, dass Jutta Treiber nicht Japanisch kann und somit die japanischen Schriftzeichen nicht zu entziffern vermag. Jutta Treiber will mit ihren Büchern die Leserinnen und Leser unterhalten. Sie weiß, dass sie mit ihren Geschichten die Welt nicht groß verändern kann, sie wünscht sich aber, mit ihren Büchern vielleicht ein wenig die Denkweise der Lesenden zu beeinflussen. Eines der schönsten Komplimente für die Autorin ist, wenn sich Leser und Leserinnen in ihren Geschichten wiederfinden. Jutta Treiber ist ein Aushängeschild der österreichischen Literaturszene. 1976 gewann sie ihren ersten Literaturpreis, den BEWAG-Literaturpreis, für eine Kurzgeschichte. Viele Auszeichnungen durfte sie seither für ihre Arbeit entgegennehmen. Zum Beispiel für das Buch „Das Dazwischenkind" den Kinderbuchpreis der Stadt Wien, für „Der blaue See ist heute grün" und „Der Großvater im rostroten Ohrensessel" den Österreichischen Staatspreis für Kinder- und Jugendliteratur. 2004 erhielt sie den Kulturpreis des Landes Burgenland für Literatur und Publizistik. 2008 wurde Jutta Treiber mit dem Würdigungspreis für Kinder- und Jugendliteratur des Bundesministeriums für Unterricht, Kunst und Kultur ausgezeichnet und 2009 mit dem Würdigungspreis für Literatur und Publizistik der Burgenlandstiftung – Theodor Kery für ihr literarisches Gesamtwerk. Jutta Treiber ist die Grande Dame der burgenländischen Literaturszene. – Diese Bezeichnung nimmt die Autorin mit Grandezza und einem Augenzwinkern an. Jutta Treiber freut sich darüber, wird ihr doch mit dem Titel „Grande Dame der burgenländischen Literaturszene" große Wertschätzung für sie als Person und ihre schriftstellerische Arbeit vermittelt. Den Schritt, freie Schriftstellerin zu werden, hat Jutta Treiber noch keine Sekunde in ihrem Leben bereut.

Patricia Spieß

„Bei den Chemikern ist auch Musik dabei …“

An einem Freitag vor Weihnachten treffe ich Hannes Mikula in Wien – im Institut für Angewandte Synthesechemie der Technischen Universität. Der Chemiker absolviert an diesem Tag einen Termin nach dem anderen. Ein völlig normales Programm, erzählt er, wie immer, wenn er gerade wieder in Europa sei. Der Wissenschaftler muss so viel wie möglich unterbringen, bevor er wieder zurück in die USA fliegt. Dort forscht der 33-jährige Burgenländer am Massachusetts General Hospital (MGH) gemeinsam mit anderen Chemikern auf biomedizinischem Gebiet. Es ist eine junge, internationale Truppe, für die Chemie ein faszinierendes, spannendes Arbeitsfeld ist. Und wenn man Hannes Mikula zuhört, könnte man fast Lust bekommen, den eigenen, zähen Chemieunterricht und abschreckende chemische Formeln zu vergessen, um sich in einen Laborkittel zu schmeißen und Flüssigkeiten durch Röhrchen zu jagen.

Ganz so einfach ist es natürlich nicht, denn Hannes Mikula und seine Forscher-Kolleginnen und -Kollegen aus den USA, Kanada, Frankreich und Korea sind überaus kluge Köpfe, die sich auf ihren Fachgebieten bereits in das Spitzenfeld vorgearbeitet haben. „Der Arbeitsablauf ist intensiv“, schildert Mikula, „manchmal habe ich schon im Büro übernachtet“. Und in einem Nebensatz verrät er: „Bei den Chemikern im Labor ist auch Musik dabei, bei den Medizinern drüben ist Ruhe …“ Musik also – zur Auflockerung der anstrengenden Laborarbeit. Welche Art von Musik bei den Chemikern im Labor zu hören ist, lässt sich Mikula dann zwar nicht entlocken, er erzählt aber grundsätzlich über sich selbst, dass er als Österreicher unter seinen Kolleginnen und Kollegen mentalitätsmäßig „die Gemütlichen“ vertrete. Allerdings fällt es etwas schwer das zu glauben, denn wenn man den Lebenslauf des Chemikers aus Edelstal im Bezirk Neusiedl am See durchsieht, ist von Gemütlichkeit keine Spur: Ein Ausbildungsfachbereich nach dem anderen ist aufgelistet, ein Förderungs- und Leistungsstipendium folgt auf das nächste, eine Auszeichnung auf die andere.*

Zum Spezialgebiet des Wissenschaftlers gehören Entwicklungen neuer Methoden und Testverfahren im medizinisch-diagnostischen Bereich. 2014 promoviert er an der TU Wien „sub auspiciis praesidentis“, nach einer Schul- und Studienzeit mit Bestnoten. Bei seiner Promotion ist also Bundespräsident Heinz Fischer anwesend,

1 x monatlich Spülen

was Hannes Mikula natürlich sehr freut. Allerdings sei sein größter Ansporn gewesen, erzählt er, dass seine Oma zu dieser besonderen Promotion mitgekommen sei. Jene Oma, die ursprünglich befürchtet: „Den werden sie hauen in der U-Bahn." Damals, als entschieden ist, dass der Burgenländer die Chemie-HTL in Wien als Schüler besuchen wird. Seine Hauptschullehrerin in Kittsee, Verena Pickem, überzeugt die Eltern davon, den Sohn diese HTL besuchen zu lassen. Als „großes Abenteuer" sieht Hannes Mikula rückblickend die Anfänge dieses Schulbesuches. Schließlich dauert die tägliche Hin- und Herfahrt: Wien – Edelstal jeweils bis zu zwei Stunden. Seine Mutter nimmt ihn in der Früh, um halb sechs Uhr, mit dem Auto mit nach Bad Deutsch Altenburg, wo sie arbeitet, von dort fährt er dann mit dem Zug nach Wien. Nach der Schule geht es dann retour. Ein weiter Weg für einen 14-jährigen. Er nützt die Stunden im Zug, um zu lesen und zu lernen. Ein Pendler-Schicksal also, bereits für einen Schüler. Aber es zahlt sich aus. Hannes Mikula, dessen Leidenschaft organische Chemie ist, wendet sich mit seiner Maturaarbeit an Professor Johannes Fröhlich, aktuell Vizerektor für Forschung und Innovation der TU Wien. Der erkennt offenbar die besonderen Fähigkeiten des jungen Burgenländers, fördert ihn, dann geht es Schlag auf Schlag: Hannes Mikula studiert in Rekordzeit, wird Universitätsassistent am Institut für Angewandte Synthesechemie und spezialisiert sich auf die chemische Erkennung von Stoffwechselerkrankungen. Er entwickelt mit einem medizinischen Partner einen Test, durch den bei Neugeborenen genetisch bedingte, seltene Erkrankungen im Rahmen von Screenings deutlich erkennbar sind. Blut wird abgenommen, untersucht und es kann festgestellt werden, dass beispielsweise bestimmte Substanzen nicht abgebaut werden, was dann körperliche und geistige Beeinträchtigungen zur Folge hat. „Je seltener die Erkrankung, umso schwieriger ist es, Geld für die entsprechende Forschung aufzutreiben", sagt Hannes Mikula. Schließlich wollen Pharma-Unternehmen auch verdienen.

Den Förderungspreis der Burgenlandstiftung – Theodor Kery für Naturwissenschaft bekommt der Wissenschaftler jedenfalls für sein besonderes Engagement und seine Leistung auf diesem Spezialgebiet. Und er sagt: „Der Preis hat Widerhall gefunden, es war eine Initialzündung, man wird präsent." Präsent wird der Burgenländer mit seiner Arbeit definitiv auch bleiben, ein EU-Projekt zur chemischen in-vivo-Diagnostik etwa ist auf Schiene. Und auch international vernetzt wird Hannes Mikula weiter sein, auch wenn er mit seiner Familie wieder zurück nach Österreich kommt, um hier zu leben und zu arbeiten. Lebenspartnerin Michaela Helmel ist ebenfalls Chemikerin. Tochter Eleni und Sohn Yanis sollen aber nicht gezielt Richtung Chemie gefördert werden, sagt Hannes Mikula, der seine Kinder „da so wenig wie möglich" steuern möchte.
Und er selbst, wird er sein Leben lang Chemiker bleiben? – „Ja, ich wüsste nicht, was sonst."

* Dazu gehören beispielsweise der Theodor Körner Preis (2011), der Best Paper Award des „World Mycotoxin Journal" (2012), der Förderungspreis der Burgenlandstiftung – Theodor Kery für Naturwissenschaft (2013), der Dissertationspreis der Gesellschaft Österreichischer Chemiker (2014), das Erwin Schrödinger Stipendium des Wissenschaftsfonds (2014) und der Karl Schlögl Preis der Österreichischen Akademie der Wissenschaften (2015).

Marlene Anger

Ein Arzt, die Gesellschaft und ihre Gesundheit

Seit fast 15 Jahren begleitet Dr. Karl Mach „sein Kind“ schon, wie er es mit einem Lächeln im Gesicht nennt. Dieses Kind ist ein Dickdarmvorsorgemodell, mit Mach als treibender Kraft, das zunächst in Oberpullendorf begann, sich nach Jahren intensiven Engagements auf das gesamte Burgenland ausweitete und mittlerweile als eines der größten Projekte auf dem Gebiet der Dickdarmkrebsvorsorge in Europa gilt. Vor allem aber ist das Vorsorgeprojekt, „made im und fürs Burgenland“, erfolgreich. Das Gesundheitspaket, das von Karl Mach und einer ganzen Reihe Menschen, die entschieden für etwas eintreten, geschnürt wurde, reduzierte durch die Früherkennung die burgenlandweiten Erkrankungen an Darmkrebs erheblich.

Ein vorausdenkender Geist und unternehmerisches Handeln stellten sich bei dem Facharzt für Innere Medizin und Gastroenterologie schon in frühen Kinderjahren ein. Damals wusste er noch nicht, dass er Arzt werden will. Doch ein innovatives Umfeld und Freundschaften mit Menschen aus den unterschiedlichsten Wirkungsbereichen haben ihn geprägt und vorangetrieben.

Geboren 1946 wuchs er als jüngstes von drei Kindern auf. Mit seiner Kindheit in Eisenstadt, wo er auch das Bundesrealgymnasium besuchte, verbindet der sympathische Karl Mach eine besondere Erinnerung. Wenn er von dem Lebensmittelladen erzählt, den seine Eltern während seiner jungen Jahre betrieben haben, muss er schmunzeln. Mach erzählt davon, wie er schon früh bemerkt hat, dass in ihm etwas Unternehmerisches, mehr noch, etwas Ideenreiches schlummert, das nur auf den Moment des Aufbruchs wartet. Ein wenig davon verwirklichte er in dem Lebensmittelgeschäft der Familie. Damals habe man Waren noch oft in großen Mengen bestellt, erinnert er sich. Mehrere Kilogramm Zucker oder Mehl beispielweise. Und er hat diese Bestellungen gerne ausgeliefert. Mit einem kleinen Wagerl. An diese Touren erinnert er sich gern zurück. Wenn er nicht mit seinen Freunden unterwegs war, hat er als junger Bub oft im Laden geholfen und dort ein gewisses Gespür fürs Voran- und Vorausdenken entwickelt. Der Gedanke, dass er einmal Arzt werden könnte, war damals noch weit entfernt. Diesen Entschluss fasste Mach erst im Gymnasium. Sein Weg zum Mediziner führte ihn weiter nach Graz, wo er sein Medizinstudium absolvierte. Dort lernte, lebte und liebte Karl Mach. In der steirischen

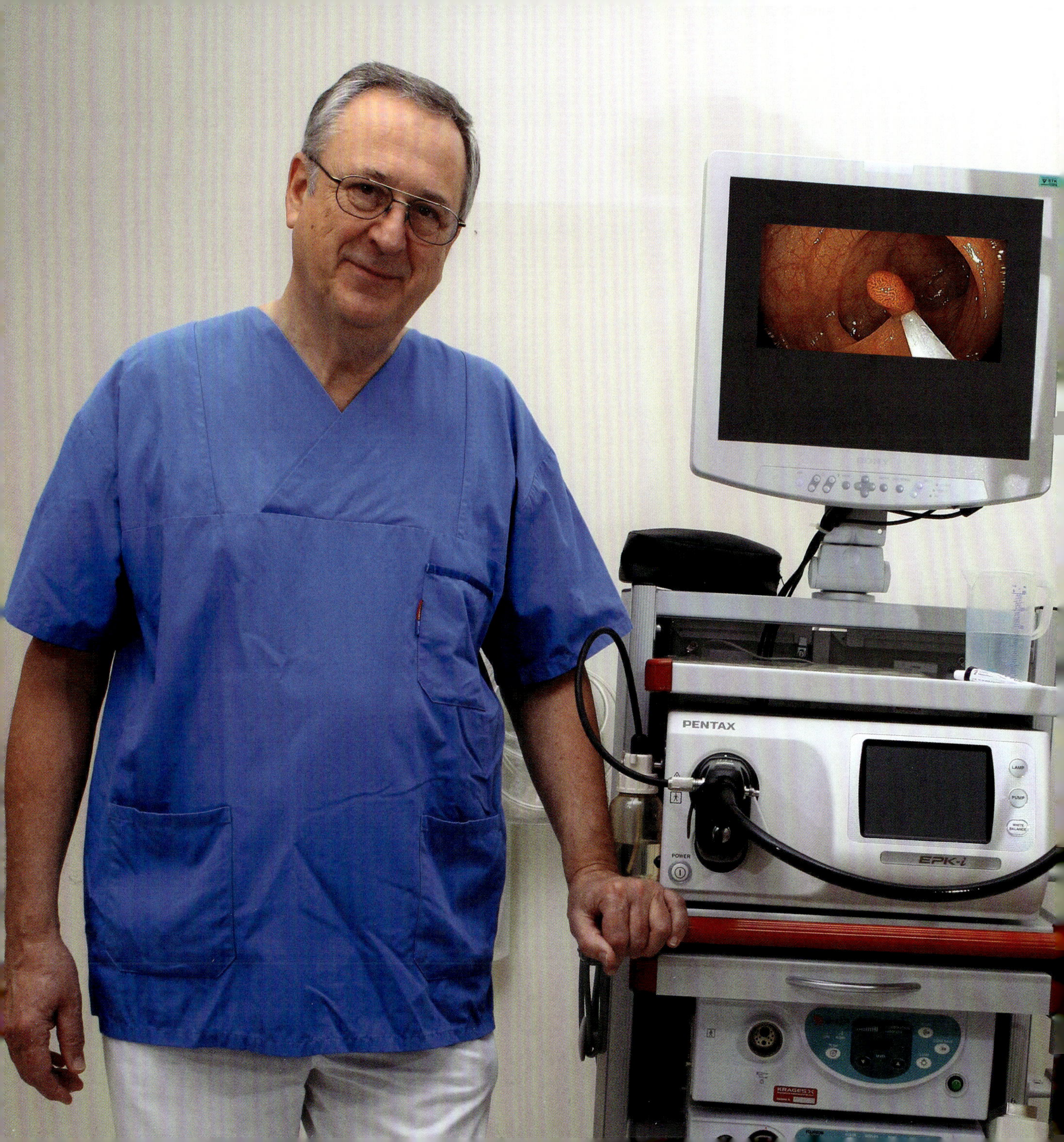
PENTAX
EPK-i

Landeshauptstadt begegnete er seiner Frau Christa, mit der er mittlerweile 46 Jahre verheiratet ist und zwei Kinder großgezogen hat. Christa beschreibt ihren Mann als sehr verlässlichen und ehrlichen Menschen, der stets für seine Kinder, die Familie und seine Freunde da ist. „Wenn jemand einen Nobelpreis als Arzt, Ehemann und Vater bekommen würde – dann wäre er es“, steht für seine Frau Christa klar fest. Das habe sich in den fast 50 Jahren, in denen sie ihren Mann nun schon kennt, auch nicht geändert. „Ich würde ihn wieder heiraten und ich würde mir noch viele Jahre in Gesundheit mit ihm wünschen.“
Lange musste das Burgenland nicht auf Dr. Mach verzichten. Nach seinem Medizinstudium verschlug es ihn zunächst nach Oberpullendorf und dann nach Steinberg-Dörfl, wo er mit seiner Frau Christa ein Haus baute. Gemeinsam zog das Ehepaar zwei Söhne groß – Thomas Mach, er arbeitet an der TU Graz, und Michael Mach, bei der ÖBB-Infrastruktur tätig. Seine berufliche Laufbahn führte ihn ins Krankenhaus Oberpullendorf, wo er 1985 Oberarzt an der Internen Abteilung wurde. Von dort aus startete auch das Dickdarm-Vorsorgemodell, das nicht nur ein Meilenstein in der burgenländischen Gesundheitsvorsorge ist, sondern auch international als vorbildlich angesehen wird. Im Jahr 2003 wurde das Vorsorgemodell auf das gesamte Burgenland ausgedehnt. Das Krankenhaus Oberpullendorf war auch der Ort, an dem sich die Wege von Karl Mach und Gernot Leeb kreuzten. Er sollte später gemeinsam mit Mach die Leitung des Vorsorgeprojekts innehaben.

Wenn Karl Mach von dem Projekt spricht, merkt man, dass es ihm ein wichtiges Anliegen ist und er jeden Einzelnen, der daran beteiligt ist, wertschätzt. Im Laufe des Gesprächs nennt er das Projekt des Öfteren „sein Kind“. Er betont im selben Atemzug aber immer wieder die Wichtigkeit und die große Bedeutung aller, die daran mitgewirkt haben und es noch immer tun. An diesem Projekt sind die Burgenländische Landesregierung, die KRAGES, die Gemeinden, die Ärztekammer, das Institut für Krebsforschung, die Österreichische Gesellschaft für Gastroenterologie und Hepatologie (ÖGGH) und die Österreichische Krebshilfe Burgenland beteiligt. „Alle Verantwortlichen haben hier ein Vorsorgepaket geformt, das der Bevölkerung zugutekommt“, erklärt Mach. Und das tut es in der Tat. Bevor dieses Vorhaben realisiert wurde, lag das Burgenland im österreichweiten Vergleich an der Spitze der Erkrankungen an Dickdarmkrebs. In Österreich ist jeder 17. davon betroffen. Mittlerweile hat das Vorsorgemodell Wirkung gezeigt und das Burgenland belegt in der Liste den vorletzten Platz. Wie so etwas gehen kann? Ziel des Projektes „Kolorektales Karzinom – Burgenland gegen den Dickdarmkrebs“ ist die Senkung der Erkrankungs- und Sterberaten dieser relativ häufigen und oft zum Tod führenden Krebsform. Die Früherkennung von bösartigen Dickdarmtumoren in heilbarem Stadium, die endoskopische Entfernung der Vorstufen des Dickdarmkarzinoms (Polypen) und die Aufklärung der Bevölkerung sind dabei besonders wichtige Faktoren in dem Projekt. Immerhin sind 97 Prozent der Karzinome im Frühstadium heilbar. „Wir machen uns die Tatsache zunutze, dass 90 Prozent der Dickdarmkarzinome aus gutartigen Vorstufen – den sogenannten Darmpolypen – entstehen. Es dauert etwa zehn Jahre, bevor gutartige Polypen zu bösartigem Darmkrebs werden. Polypen als auch Darmkrebs sondern Blut ab – jedoch nicht immer. Daher ist die jährliche Vorsorge so wichtig. Weil ein einmaliger Test oft nicht aussagekräftig genug ist“, erklärt Mach. Durch die

Vorsorgeuntersuchungen kann eine Verminderung der Sterberate um 50 bis 60 Prozent erreicht werden. Bei einer flächendeckenden Umsetzung werden rund 150.000 Burgenländerinnen und Burgenländer im Alter von 40 bis 80 Jahren mit dieser Aktion erreicht. Im Laufe der Jahre hat sich das Vorsorge-Projekt gegen Dickdarmkrebs gut etabliert und fast die Hälfte der burgenländischen Bevölkerung nimmt daran teil. Dr. Mach ist bewusst, dass diese Zahlen für europäische Verhältnisse und im Vergleich zu anderen Ländern eine gute Beteiligung bedeuten. Wünscht er sich mehr? Klar! Ihm ist es ein Anliegen, dass die Menschen regelmäßig daran teilnehmen. Wohl bewusst, dass es sich hierbei um ein Thema handelt, das zum einen mit großer Scham behaftet und zum anderen auch nicht besonders medienwirksam ist. Aber die Aufklärung ist wichtig. Ich will von Karl Mach wissen, was er zu einem Menschen über dieses Thema sagen würde, der ihm gegenübersitzt. „Ich würde ihm sagen, dass das Leben sehr kostbar ist. Und dass an Krebs zu sterben ein schweres Schicksal ist. Ein Schicksal, das in diesem Fall womöglich vermeidbar sein kann. Nicht immer, aber die regelmäßige Vorsorgeuntersuchung verringert das Risiko."

Im Jahr 2004 wurde Dr. Karl Mach für das Projekt „Burgenland gegen Dickdarmkrebs" mit dem Preis der Burgenlandstiftung – Theodor Kery ausgezeichnet und das Projekt gefördert. Seit 2006 wird der burgenländische Pionier in der Krebsvorsorge von Dr. Gernot Leeb unterstützt. Gemeinsam leiten sie das erfolgreiche Darmkrebsvorsorgemodell. Wie nimmt er Mach als Zeitgenossen war? „Ich habe die Person Karl Mach von Anfang an wahrgenommen. Als Mentor und Förderer, und als einen Menschen, der die Fähigkeit besitzt, Potenziale zu erkennen. Nicht nur in der Medizin, sondern in allen Bereichen. Er ist ein unglaublich guter Netzwerker."

Ein gutes Netzwerk hat er sich nicht nur beruflich, sondern auch privat aufgebaut. Das bestätigt auch Karl Machs Frau Christa. Wenn er Geschichten aus seinem Leben erzählt – egal ob beruflicher oder privater Natur – gewinnt sein Gegenüber den Eindruck, als ob er Freunde und Bekannte im ganzen Burgenland und weit darüber hinaus hat. Nicht umsonst ist sein Lebensmotto „aktiv sein, viel erfahren, viel erkennen!". Privat ist er gern mit seinen Freunden und dem Fahrrad unterwegs. Karl Mach schafft es wie kein anderer, den Konnex zwischen Medizin, Wirtschaft und Politik herzustellen. Menschen zusammen zu bringen, die etwas bewirken wollen, ist ihm ein Anliegen. Er schafft es, dabei etwas zustande zu bringen, das der Gesellschaft dient. Wie eben die Aktion „Burgenland gegen Dickdarmkrebs". Hier wurden die wichtigen Player des Burgenlandes zusammengeführt, um an einem Vorsorgepaket zu arbeiten, das den Menschen zugutekommt. Mach betont immer wieder, dass es sich um Gemeinschaftsarbeit handelt, die hier betrieben wird: „Wir sind alle verantwortlich für die Gesundheit. Das kann man nicht alleine machen. Das muss miteinander passieren!" Dem Darmkrebsvorsorgemodell verdanken bereits tausende Burgenländerinnen und Burgenländer ihre Gesundheit und hunderte sogar ihr Leben. Dass das Projekt weitergeht, dass es erfolgreich ist, dass es noch viele Erkenntnisse gibt und die Lebenserwartung steigt, wünscht sich der entschlossene Mediziner, wenn er in die Zukunft blickt.

Christian Uchann

Mit der Kraft der Menschlichkeit

„Wer soll das schaffen? – So hätte ich reagiert, wenn man mir im April 2015 gesagt hätte, dass wir in den kommenden Monaten mehr als 300.000 Flüchtlinge zu betreuen haben", sagt Hofrat Mag. Bruno Wögerer, Präsident des Roten Kreuzes Burgenland.
Sie haben es geschafft, auch wenn die rund 1.300 freiwilligen Mitarbeiterinnen und Mitarbeiter mit ihren insgesamt 70.000 Dienststunden oft bis an ihre Belastungsgrenzen gingen. Dieser unermüdliche Einsatz war getragen von zwei Grundsätzen des Roten Kreuzes: Menschlichkeit und Unparteilichkeit.

Wertekatalog

Menschliches Leid überall und jederzeit zu verhüten und zu lindern. Leben und Gesundheit zu schützen und der Würde des Menschen Achtung zu verschaffen. Nicht nach Nationalität, Rasse, Religion, sozialer Stellung oder politischer Überzeugung zu unterscheiden. Den Menschen nach dem Maß ihrer Not zu helfen und dabei den dringendsten Fällen den Vorrang zu geben.
Dieser Auszug aus dem – aus insgesamt sieben Grundsätzen bestehenden – „Wertekatalog" der internationalen Rotkreuz- und Rothalbmond-Bewegung in 189 Ländern zeigt die Aktualität solcher Handlungsanleitungen angesichts der komplexen Konflikte unserer Zeit. Es ist die Kraft der Menschlichkeit, die die Rotkreuz-Mitarbeiter zusammenhält und motiviert, so unruhig die Zeiten auch sein mögen.

Unruhige Zeiten

Unruhige Zeiten begleiteten die Rotkreuz-Bewegung im Burgenland seit ihrem Bestehen nach dem Zweiten Weltkrieg. Noch ohne Räumlichkeiten und Rettungswägen half sie mit, Ordnung im Chaos der Nachkriegsjahre zu schaffen.
Am 13. August 1946 erfolgte die Gründung des selbstständigen Landesverbandes Burgenland. Nach Jahren des wirtschaftlichen und organisatorischen Aufbaus stand das Rote Kreuz im Jahr 1956 vor seiner bis dahin größten Herausforderung – der Ungarnkrise. Innerhalb weniger Wochen flohen rund 180.000 Ungarn über die burgenländische Grenze.

ÖSTERREICHISCHES
Aus Liebe zum
Bruno WÖGERER
LEISTUNGSBERICHT
UNPARTEILICH

„Die Einsatzbereitschaft des Roten Kreuzes, das unermüdliche Wirken des Personals und die Fülle der vom Roten Kreuz aufgebrachten Mittel haben wesentlich zur Bewältigung und damit zum Gelingen eines Werkes beigetragen, das im Urteil der Weltbevölkerung höchste Anerkennung gefunden hat", so die anerkennenden Worte des damaligen Landeshauptmannes Johann Wagner.

Worte, die auch heute mehr denn je ihre Gültigkeit haben.

Die Ereignisse des Jahres 1956 markierten auch den Beginn der Schaffung einer modernen Katastrophenhilfe im medizinischen und sozialen Bereich. Das professionelle Katastrophenmanagement bewährte sich in den vergangenen Jahrzehnten nicht nur bei Flüchtlingsbewegungen, sondern auch bei Naturkatastrophen im In- und Ausland. Die verheerenden Erdbeben in Friaul, Süditalien oder zuletzt in Nepal erforderten immer wieder den Einsatz von burgenländischen Rotkreuz-Mitarbeitern – unter ihnen oft ausgewiesene Spezialisten, wie beispielsweise Johannes Guter aus Rotenturm. Der Suchdienst-Experte war in Nepal für das Internationale Komitee vom Roten Kreuz tätig und kümmerte sich um die Zusammenführung getrennter Familien.

Doch zurück zur Geschichte des Roten Kreuzes Burgenland, die ohne Landeshauptmann Theodor Kery nicht zu erzählen ist. „Er war ein großer Förderer des Roten Kreuzes, das einen Eckpfeiler seiner Gesundheitspolitik darstellte. Kery hatte seinerzeit auch das Notarztwesen eingeführt", erzählt Präsident Wögerer.

So war es das Burgenland, das trotz seiner geographisch ungünstigen Voraussetzungen als erstes Bundesland einen flächendeckenden Notarztbetrieb verwirklichen konnte und in der Entwicklung des Notarztwagens – sowohl vom Aussehen als auch in der Funktionalität – eine Vorreiterfunktion einnahm.

Rettungsautos, Kühlwagen, Blutspendebusse

Die Burgenlandstiftung – Theodor Kery hat das Rote Kreuz Burgenland auch bei der Erweiterung des Fuhrparks immer wieder unterstützt – sei es in der Anschaffung von Rettungswägen, eines Kühlwagens für „Essen auf Rädern" oder eines Blutspendebusses. Neben der Modernisierung des Wagenparks stand der Ausbau der sieben Bezirksstellen im Mittelpunkt der Aktivitäten. Gemeinsam mit weiteren sechs Rettungsstellen ist für eine flächendeckende Versorgung der burgenländischen Bevölkerung gesorgt, die sich jedoch nicht nur auf das Rettungswesen beschränkt.

„Viele vergessen, dass das Rettungswesen keine ursächliche Aufgabe des Roten Kreuzes ist. In dieser Form gibt es das nur in Österreich, in weiten Teilen Deutschlands und in Norditalien", erzählt Präsident Wögerer und meint weiter: „Dadurch treten viele andere Aufgaben in der öffentlichen Wahrnehmung oft in den Hintergrund." So markiert der Sozialdienst neben dem Rettungswesen das zweite Standbein des Roten Kreuzes Burgenland. Die erste Sozialdienstgruppe wurde im Jahr 1978 in Stegersbach gegründet. Im Rahmen der Nachbarschaftshilfe begannen die Mitarbeiterinnen und Mitarbeiter alte Menschen bei der Haushaltsführung zu unterstützen. 1993 erfolgte die Anschaffung eines ersten Sozialdienstbusses. Die rollstuhlgerechte Ausstattung machte es möglich, behinderte und alte Menschen mobil zu machen. Das Referat „Sozialdienst“, das seit 1979 einen eigenständigen Arbeitsbereich im Landesverband Burgenland bildet, war anfangs als Beratungsstelle für Selbsthilfegruppen – insbesondere für Patienten mit Multipler Sklerose aufgebaut. Aus dem Wunsch, regelmäßig Treffen von behinderten Menschen zu veranstalten, entstand der Seniorentreff „Club Miteinander“.

Pionierarbeit leistete das Rote Kreuz nicht nur beim Notarztwesen, sondern auch beim Aufbau der ambulanten Hauskranken- und Altenpflege. Erste Stützpunkte wurden 1990 mit gut ausgebildeten Diplomkrankenpflegepersonen besetzt. Heute ist es auch schon fast eine Selbstverständlichkeit, dass die mobilen Pflege- und Betreuungsdienste des Roten Kreuzes für die alten und kranken Menschen an 365 Tagen rund um die Uhr im Einsatz sind.

Mittlerweile als selbstverständlich angenommen werden auch die zahlreichen Ambulanzdienste des Roten Kreuzes im Burgenland. Diese reichen von kleineren Dorffesten bis hin zu großen Events. So sind etwa beim jährlich stattfindenden Novarock-Festival in Nickelsdorf mehr als hundert Rotkreuz-Helfer für die sanitätsdienstliche Versorgung von 150.000 Besuchern verantwortlich.

An dieser Stelle sei an die selektive Wahrnehmung der umfangreichen Aufgabenpalette des burgenländischen Roten Kreuzes erinnert, auf die Präsident Wögerer hinweist. Dem soll nun ein wenig Abhilfe geschaffen werden, auch wenn es schwerfällt, in der wahrlich reichhaltigen Liste der vielfältigen Dienstleistungen nicht den Überblick zu verlieren.

Während Blutspendedienste, Erste Hilfe-Kurse oder die „Team Österreich Tafel“ noch eindeutig mit dem Roten Kreuz in Verbindung gebracht werden, dürfte etwa die Aktion „Lesepate“ nur wenigen geläufig sein. Dabei unterstützen engagierte, ehrenamtliche Leserinnen und Leser Volksschulkinder mit Leseschwäche. Wenig bekannt dürfte auch das „Erste Hilfe-Angebot für die Seele“ sein. Im Burgenland ist das Rote Kreuz bei der „Psychosozialen Betreuung“ im Bereich der Krisenintervention Burgenland, der Stressverarbeitung nach belastenden Einsätzen sowie bei der ÖBB-Lokführerbetreuung tätig.
Nicht im Fokus der Öffentlichkeit steht auch der mobile Hospizdienst, der unheilbar kranken Menschen und deren Angehörigen mitmenschliche Begleitung, Unterstützung und Entlastung in der Zeit der Krankheit, des Schmerzes, des Abschieds und der Trauer bietet. Die Liste ließe sich noch lange fortführen – mit der bereits erwähnten Aktion „Zuhause Essen“, dem Rufhilfetelefon, dem Sozialmarkt Oberwart oder dem Verleih von Pflegehilfen. Es lässt sich jedenfalls kaum ein Bereich des Sozial- und Gesundheitsdienstes finden, in dem das Rote Kreuz nicht tätig ist.

Freiwilligkeit – unschätzbar wertvoll

Bevor darauf vergessen wird: Viele der Rotkreuz-Dienstleistungen wären ohne einen ganz entscheidenden Grundsatz nicht zu erbringen – der Freiwilligkeit. Ob der Journalist als Sanitäter im Rettungswagen, die Hausfrau, die pflegebedürftigen Menschen hilft oder – wie eindrucksvoll in den vergangenen Wochen und Monaten bewiesen – tausende von „Zivilisten" in der Flüchtlingsbetreuung. Sie sind alle freiwillig tätig und widmen einen Teil ihrer Freizeit der Mitmenschlichkeit. Im Burgenland engagieren sich rund 2.800 Freiwillige für das Rote Kreuz.

Dieses Engagement darf jedoch nicht darüber hinwegtäuschen, dass auch eine Hilfsorganisation nach betriebswirtschaftlichen Grundsätzen geführt werden muss. Präsident Wögerer weiß davon ein Lied zu singen. „Vor sieben Jahren standen wir vor dem finanziellen Ende. Mithilfe von Land, Gemeinden und dem Österreichischen Roten Kreuz konnte der Konkurs abgewendet werden. Nun haben wir seit Jahren keine finanziellen Probleme", erzählt Wögerer und vergisst nicht anzumerken, dass man sich auch von zehn Prozent der Mitarbeiter trennen musste. „Das war schon bitter!"

Wögerer selbst war „zeitlebens" im Sozialbereich tätig, allein 30 Jahre beim Jugendrotkreuz. „Unser Sozialprestige ist das kostbarste Gut – und die Fähigkeit, Menschen zu verbinden. Als Psychotherapeut würde ich sagen, es handelt sich um einen gruppendynamischen Effekt, das Rote Kreuz schafft Gemeinschaft. Und es wirkt wie ein Virus – wenn sie einmal dabei sind, sind sie immer dabei!"

Das beschriebene Gemeinschaftsgefühl zeigt sich aktuell in der Flüchtlingskrise, die die Mitarbeiter des Roten Kreuzes Burgenland auch 2016 nicht zur Ruhe kommen lassen wird. Gemeinsam mit ihren Kollegen in aller Welt werden sie erneut mit viel Professionalität und Engagement ihrem humanitären Auftrag nachkommen und den Verwundbarsten unserer Gesellschaft Hilfe leisten.

Getreu den sieben Rotkreuz-Grundsätzen Menschlichkeit, Unparteilichkeit, Neutralität, Unabhängigkeit, Freiwilligkeit, Einheit und Universalität beweist das Rote Kreuz, wie man selbst in Zeiten, in denen Politik und Gesellschaft Unsicherheit mit Begriffen wie „Mitmenschlichkeit" und „Nächstenliebe" zeigen, für Ordnung, Vertrauen und Sicherheit sorgen kann.

Eine solche Organisation sollte Vorbild für unser aller Handeln sein, eine solche Organisation zu unterstützen, sollte uns auch in Zukunft am Herzen liegen.

Hannelore Halwax

„Man wird zufriedener mit dem, was man hat"

Der Verein MOKI Burgenland – Mobile Kinderkrankenpflege – ist seit 2001 mit diplomiertem Pflegepersonal in der häuslichen Kinderkrankenpflege tätig. Man berät, pflegt und begleitet Kinder und Jugendliche von 0 bis 18 Jahren in ihrem gewohnten Umfeld, unterstützt die betroffenen Familien. Im Jahr 2013 wurde MOKI Burgenland für sein soziales Engagement mit dem Preis der Burgenlandstiftung – Theodor Kery ausgezeichnet.

Doris Spalek übernahm nach der Gründung die Leitung des Vereins und wurde zur geschäftsführenden Landesvorsitzenden bestellt. Die Aufgaben des Vereins sind umfangreich: „Wir sind eine Non-Profit-Organisation, die als gemeinnütziger Verein geführt wird, und begleiten, pflegen und beraten Kinder und ihre Familien im Burgenland dort, wo sie geborgen sind, bei sich zu Hause."

Das Betreuungsangebot von MOKI Burgenland ist sehr umfassend: Je nach Gesundheitszustand, Erkrankung oder Behinderung starten die derzeit 15 diplomierten Kinderkrankenpflegefachkräfte ihre Arbeit oft schon beim ersten Atemzug des Kindes. Eltern, die erstmals mit der Diagnose ihres Kindes konfrontiert werden, haben viele Fragen und brauchen Unterstützung. Diese reicht bei Babys von der Stillberatung, Babymassage bis hin zu Ratschlägen bei schlaflosen Nächten und spezieller Pflege aufgrund des Krankheitsbildes.

MOKI Burgenland betreut auch Kinder, die einen viel zu frühen Start ins Leben hatten und manchmal noch über Sonden ernährt werden müssen. Doris Spalek erklärt: „Meist haben die Eltern einen längeren Spitalsaufenthalt hinter sich und sind körperlich erschöpft. Wir bemühen uns, den Übergang vom Krankenhaus nach Hause bestmöglich zu gestalten und die Eltern zu begleiten, damit sie im Umgang mit ihrem zarten, geliebten Baby sicher werden."

Auch chronisch kranke Kinder, wie zum Beispiel Kinder mit Diabetes oder anderen angeborenen Erkrankungen können auf die Unterstützung von MOKI Burgenland zählen. „Aus unserer Sicht ist es ganz wichtig, dass die

Kinder beim Besuch des Kindergartens und der Schule voll integriert werden. Daher begleiten wir die Kinder beim Start und zeigen den gesunden Kindern, dass sie keine Berührungsängste haben müssen. Es ist wichtig, dass sowohl die betroffenen Kinder als auch die gesunden einen sicheren Umgang mit der Erkrankung bekommen." Doch nicht nur die Kinder müssen lernen mit ihrer Krankheit zu leben, auch die BetreuerInnen in den Kindergärten oder Schulen werden auf die neue Situation vorbereitet.

„Wir betreuen auch schwer kranke Kinder, die mitunter nicht mehr gesund werden", spricht Spalek über die bitteren Momente ihres Berufslebens. Die betroffenen Kinder und Familien benötigen nicht nur hochqualifizierte medizinische Betreuung, sondern auch Balsam für die Seele. In dieser schwierigen Lebenssituation greift man nach jedem Strohhalm und sucht nach AnsprechpartnerInnen, die zuhören und einen verstehen. Die Familien fragen sie oft, warum es gerade ihr Kind getroffen hat, ob sie Schuld an der Erkrankung haben. Angst, Trauer, Wut und Schuld begleiten die Betroffenen Tag für Tag.

Fragt man die attraktive, stets lächelnde MOKI Burgenland-Leiterin, die täglich mit viel Leid konfrontiert wird, ob sie sich nicht manchmal wünscht, sich für einen ruhigen Bürojob entschieden zu haben, dann erklärt sie entwaffnend: „Ich liebe den Umgang mit Menschen und vor allem liegen mir Kinder sehr am Herzen. Ein klassischer Bürojob käme für mich nicht in Frage. Ich habe unter anderem in einem Krankenhaus gearbeitet und kenne auch diese Seite. Mit MOKI Burgenland sind wir ganz nah bei den Familien – und das ist eines unserer Hauptanliegen: gemeinsam im gewohnten Umfeld etwas Gutes zu bewirken." Und sie geht ins Detail: „Man kann individuell auf jede Familie eingehen, sich die Zeitressourcen besser einteilen. Und vor allem ...", strahlt sie „... kann man den Menschen das Gefühl geben, dass ihnen jemand zuhört und jemand ihre Anliegen und sie als Person ernst nimmt. So genau auf jedes einzelne Kind einzugehen, ist im Spital einfach nicht möglich." Sie streitet aber auch nicht ab, dass der Alltag oft schwer sein kann: „Man muss Kinder lieben, sich auf verschiedene Familien einlassen wollen und emotional stark sein."

Die Betreuung von Kranken, das Großziehen von Kindern, alles Dinge, die für Generationen von Eltern selbstverständlich waren. Hat unsere Generation das Elternsein verlernt? Spalek überlegt: „Es gibt das System Großfamilie leider nicht mehr. Die Eltern wollen alles gut und perfekt machen. Doch der Anspruch wird, großteils bei Frauen, immer höher. Noch dazu hat man viele Informationen, Ratgeber im Internet und vieles mehr. Dadurch entsteht Verunsicherung, man will den oft vorgegaukelten Idealen entsprechen und schafft es nicht. Die Menschen sind verunsichert und suchen bei uns Hilfe." Jeder, der seinen Arbeitsalltag aktiv gestaltet, kennt es, dass man die Arbeit auch manchmal „mit nach Hause nimmt". Das ist bei Spalek nicht anders, sie hat ihr eigenes Rezept: „Man muss lernen abzuschalten und sogenannte Psychohygiene betreiben. Das ist ein Lernprozess, den wir durch Supervision im Team unterstützen." Aber Spalek sieht auch in dieser Situation das Positive: „Man wird zufriedener mit dem, was man hat und kommt leichter auf den Boden zurück."

Spalek und ihr Team erleben aber auch viele Glücksmomente: „Es ist nicht alles traurig und Kinder lachen trotzdem, sie nehmen ihr Schicksal ganz anders als Erwachsene an. Da gibt es die sichtbare und spürbare Freude der Kinder an Kleinigkeiten, an einer Blume oder an Tieren beim Spazierengehen. Obendrein profitieren wir von ganz viel Energie innerhalb des Teams, wofür ich sehr dankbar bin." Sie berichtet auch, dass es schön ist, zu spüren, wie Eltern mit der Situation umzugehen lernen und Kinder Spaß haben. Durch die Entlastung der Eltern können auch wieder „normale" Familienaktivitäten stattfinden, denn sie können beruhigt das Haus verlassen, wenn das MOKI Burgenland-Team da ist. Es wird enormes Vertrauen aufgebaut und eine emotionale Bindung mit den Familien entsteht. „Wir sind vertraute Wegbegleiter der Familien. Die Dankbarkeit dafür ist in jeder Familie spürbar und auch das gibt uns Kraft, da bekommen wir etwas zurück."

Für die Betroffenen ist es sehr wichtig, sich auch einmal eine Auszeit zu gönnen, abzuschalten und neue Energie zu tanken. Wenn ein Kind zum Beispiel beatmet und über eine Sonde ernährt wird, dann hat man als Elternteil einen 24-Stunden-Job über viele Jahre. Man muss immer anwesend sein, da die Beatmungsmaschine ausfallen könnte, zudem muss regelmäßig abgesaugt werden, nicht selten alle zehn Minuten. Hier kommt MOKI Burgenland ins Spiel: „Wir betreuen einen Jungen, der aufgrund der Beatmungssonde sehr intensive Unterstützung braucht. Seine Eltern haben nun im Monat einige wenige Stunden, die sie nutzen können, um gemeinsam ein bisschen Zweisamkeit zu verbringen. Durch die aufwendige Pflege war es ihnen bisher nicht möglich, gemeinsam etwas zu unternehmen. Aber das ist wichtig, denn gerade in derart schwierigen Situationen braucht man geballte Kraft und viel Zusammenhalt, denn der Gesundheitszustand des Jungen wird nicht besser werden und damit auch nicht die Belastung für die Eltern", erklärt Spalek. Sie stellt aber auch klar: „Doch gerade Kinder mit extremen Beeinträchtigungen geben uns so viel zurück. Obwohl manche weder laufen, sprechen oder selber essen können. Diese Kinder strahlen so viel Lebensfreude aus, die Augen beginnen zu lachen, wenn wir kommen und die Mundwinkel verziehen sich, wenn wir wieder gehen. Das sind auch für uns Momente, die wir genießen und in denen wir wissen, dass wir das Richtige tun."

Fragt man die engagierte Leiterin – die gerne mal einen Halbmarathon im Ausland laufen möchte – wie man die Arbeit von MOKI Burgenland einfacher machen könnte, kommt sofort der Wunsch nach einem Büro. „Leider sind eigene Büroräume derzeit nicht finanzierbar. Alle Termine, Besprechungen, Bewerbungsgespräche, Gespräche mit Praktikantinnen, finden bei mir im privaten Haus statt. Hier würde ich mir schon mehr Abstand wünschen", so Spalek.

Das Land Burgenland ist Kooperationspartner von MOKI Burgenland und übernimmt einen Großteil der Kosten für die Familien, dennoch: Spenden sind willkommen.

Raphaela Reinfeld-Spadt

Am Ende liegt alles an einem selbst

Ein spektakulärer Lauf. Tor um Tor ein Krimi um Hundertstelsekunden. Plötzlich ein kurzer Steher – fast ein Sturz. Und dann: der Höhepunkt ihrer bisherigen Karriere. Julia Dujmovits gewinnt Gold im Snowboard-Parallelslalom bei den Olympischen Winterspielen 2014 in Sotschi.

Nach einem verpatzten Riesentorlauf am Vortag und einem Rückstand von sieben Zehntel aus dem ersten Durchgang wird Julia Dujmovits nicht mehr als Anwärterin für Gold gehandelt. Ihre Antwort: die erste Olympiamedaille bei Winterspielen für das Burgenland und gleichzeitig die erste Goldmedaille für den österreichischen Snowboard-Sport. Kein perfekter Lauf zum Triumph. Vielmehr: eine Fahrt, wie das Leben selbst.

2004, als ihr Ziel noch „Teilnahme an einer Weltmeisterschaft oder Olympischen Spielen" heißt, erhält die Schülerin den Förderungspreis der Burgenlandstiftung – Theodor Kery. Seit 2005 ist sie Mitglied des Österreichischen Snowboard Nationalteams und schon zu dieser Zeit, mit Olympia 2006 vor Augen, zeigt sie Biss, Ausdauer und einen langen Atem. „Fokus und Linie" wird schließlich auch das Mantra sein, das die 26-jährige Olympia-Debütantin 2015 zu Gold führt.

Wahlbiografie einer Flachländerin

Am 12. Juni 1987 geboren, kann Julia Dujmovits zur sogenannten „Generation Y" gezählt werden. Das ist die Bevölkerungsgruppe, die um die Jahrtausendwende ihre Teenager-Jahre erlebte. Die englische Aussprache dieser Bezeichnung – „Generation Why" – lässt die Haltung der Kohorte durchblicken, die das Warum ins Zentrum des eigenen Lebensentwurfes stellt.

An die Stelle von Statusdenken und dem Streben nach Geld und Prestige sei laut den soziologischen Charakterisierungen dieser Generation die Sinnsuche getreten. Den vorgezeichneten Weg der Eltern unreflektiert weiterzugehen scheint längst keine Option mehr für die Generation Y zu sein. Das, wofür sie täglich aufsteht,

FIS
GASTEIN
Lattella
frucht & molke
SKODA Simon

muss Sinn, Spaß und Erfüllung bieten. Gekoppelt mit den unzähligen Chancen einer zunehmend globalisierten Welt ermöglicht das die Wahl einer ganz eigenen Biografie. Für Julia Dujmovits heißt das: das Snowboard als Professionalistin zu besteigen, obwohl sie eigentlich Flachländerin ist. Ihre Heimatgemeinde Sulz bei Güssing im Burgenland liegt auf 228 Meter Seehöhe. Und: weit weg von den Zentren des florierenden österreichischen Wintersports.

Entschieden beginnt Julia Dujmovits ihren Weg, bald nachdem sie mit fünf Jahren im Skiurlaub das erste Mal ein Snowboard gefahren hat. Mit neun bekommt sie ein eigenes Brett und bestreitet ihr erstes Rennen nur zwei Jahre später. Wochenende für Wochenende fährt sie als Teenagerin mit ihrer „Snowboard-Clique" in die Berge. Alle Freunde haben Ähnliches vor Augen: im Snowboard-Sport zu reüssieren, eine Karriere im Spitzensport. Die Gemeinschaft gibt Kraft und Vertrauen in die eigenen Ziele.

Viele ihrer Altersgenossen der Generation Y hätten bei der Suche nach dem „perfekten Lebensweg" Ohnmacht und Orientierungslosigkeit verspürt – so das typische Verhalten der Generation Y angesichts der schier unendlichen Wahlmöglichkeiten. Nicht aber Julia. Julia sieht ihre Linie bald klar vor sich und nutzt ihr Talent. Erstes Weltcup-Rennen: 18. Oktober 2003 in Sölden, Österreich. Erster Weltcup-Sieg: 16. Dezember 2007 in Nendaz, Schweiz. Beste Weltcup-Platzierungen: zwei Siege, fünf 2. Plätze, sechs 3. Plätze. Ebenso ist Julia Dujmovits noch vor ihrem 28. Lebensjahr Juniorenweltmeisterin, Gesamtweltcupdritte und mehrfache Österreichische Staatsmeisterin.

Trotz allem: auf Linie

Entscheidungen, so liest man, gelten bei der Generation Y nur für den Moment – so lange, wie sie sinnvoll sind. Sonst heißt es rasch: Ich bin dann mal weg. Den Wunsch, alles hinzuschmeißen, kennt Julia Dujmovits nur allzu gut. Getan hat sie es nie. Trotz der traumatischen Erlebnisse am 11. November 2000 in Kaprun, wo die Entscheidung zwischen Seilbahn und Gondel eine Entscheidung zwischen Leben und Tod bedeutet. Sie lässt sie bis heute acht Freunde des burgenländischen Snowboardkaders schmerzhaft vermissen. Wieder war der Gedanke da, das Snowboarden sein zu lassen, sagt Julia Dujmovits, als sie sich an die verpasste Qualifikation für die Olympischen Winterspiele in Vancouver 2010 erinnert. Kein Aufgeben auch trotz einer fast vier Jahre andauernden Verletzungsperiode. Ähnliche Gefühle hat sie, als in Sotschi die Medaillenentscheidung im Snowboard-Parallel-Riesenslalom fällt. Sie scheitert in ihrer stärksten Disziplin bereits in der Qualifikation. Doch sie tut, was ihr das Leben schon so oft abverlangt hat: Sie wischt die negativen Gedanken weg und fokussiert die nächste Herausforderung. Längst ist sie an ein Leben voll Unsicherheiten und Ungewissheiten gewöhnt. Keine makellose Karriere. Sondern unberechenbar, wie das Leben nun einmal ist.

Verortet. Hier und am anderen Ende der Welt

Sulz, Wien, Maui und verschiedenste Hotelzimmer auf der ganzen Welt. Flexibilität in Raum und Zeit hilft der Generation Y dabei, bestmöglich an ihren Zielen zu arbeiten. Groß zu denken und Träume Wirklichkeit werden zu lassen. Zwei Monate des Jahres lebt die Ausnahmesportlerin auf Hawaii. Die Wochen auf Maui markieren für sie Wendepunkte in ihrem Sportlerleben, an denen sie sich entscheidet, doch noch einmal voll durchzustarten.

Vielleicht gerade deshalb, weil das Business dort in den Hintergrund rückt und der Bewegung in der Natur Platz macht. Auf Maui beginnt sie 2010 Yoga und Energiearbeit zu praktizieren und lässt sich zur Yogalehrerin ausbilden. Nach der verletzungsbedingten Pause findet sie auf diesem Weg wieder zu ihrer Mitte und tut gestärkt die nächsten Schritte. Julia Dujmovits schafft sich ihr individuell abgestimmtes Umfeld mit führenden ExpertInnen für Training, Ernährung, Mentales und Kommunikation.

Drei- bis vierstündige Trainingseinheiten an sechs Tagen pro Woche vor der einzigartigen hawaiianischen Kulisse bestimmen ihren Tagesablauf. Die anderen SportlerInnen auf Maui sind längst zu Freunden geworden. Kitesurfen, Wellenreiten, Schnorcheln oder Hiken bieten Regeneration. Das seien physische Maßnahmen, die auch mentale Stärke bringen, sagt Julia. Damit gelingt es ihr, über sich hinauszuwachsen und trotzdem am Boden der Tatsachen zu bleiben. Auf Maui gibt es keine Interviews, keine Termine, keine Fotoshootings. Die Sportlerin ist offline.

Ungewohnt für Dujmovits: Offline sein heißt, keine Fotos von Rennen oder Sponsoren-Aktivitäten auf Facebook und Instagram upzuloaden und natürlich Digital Detox. Die sozialen Medien und die digitale Welt gehören zu Julias Job dazu – keine Frage für jemanden aus der Generation Y. Sie dienen zur öffentlichen Präsenz. Ganz im Privaten will Julia dennoch nicht darauf verzichten. Über Social Media fühlt sie sich immer up-to-date in ihrem Freundeskreis und näher daheim.

Das Entscheidende, das auf Maui nämlich fehlt, ist die Heimat, die Familie. Ihre drei Brüder sind Lachen, Spaß, Abenteuer und Rückhalt für Julia. In der Kindheit haben sie auf die Schwester geachtet, in ihr aber auch die Lust am Risiko geweckt – wenig mädchenhaft. Heute kommt sie ins Burgenland zurück, weil das Elternhaus Geborgenheit bietet und hier die Dinge die richtige Priorität bekommen. Das wird dem Sicherheitsbedürfnis der Generation Y gerecht. Partner, Familie und Freunde – Julia ist von Herzen dankbar, sie zu haben. Denn: „Bei ihnen bleibt alles gleich, egal ob eine Eins oder eine Dreißig auf der Ergebnisliste vor meinem Namen steht."

Von hier aus weiter

Am 22. Februar 2014 gewinnt Julia Dujmovits Gold im Snowboard-Parallelslalom bei den Olympischen Winterspielen 2014 in Sotschi. Es folgen zwei Monate im Goldrausch. Freude, Ehrungen, Feiern, Interviews, Analysen, TV-Auftritte. Gleich nach Sotschi wird der Snowboarderin das Große Ehrenzeichen des Landes Burgenland verliehen. Ein paar Monate später wird sie zum 5. Mal burgenländische Sportlerin des Jahres.

Mit Olympia-Gold ist das übermächtige Ziel plötzlich erreicht. Und dann: Leere. Die Konsequenz: Julias Motivation für den Sport bleibt bald aus. Abermals ist es auf Hawaii, wo der Sport langsam wieder beginnt, Spaß zu machen. Aus dem Snowboard-Training heraus startet sie beim Ironman auf Hawaii und bewältigt die Halbdistanz in 6:05:27 Stunden. 1,9 Kilometer Schwimmen, 90 Kilometer Radfahren, 21,1 Kilometer Laufen. Julia Dujmovits ruht sich nicht auf den Lorbeeren aus. 2015 wird ihre Leistung wieder von einer Silbermedaille bei der Snowboard-Weltmeisterschaft im Parallelslalom am Kreischberg gekrönt.

Ab 2015 fokussiert sie ein weiteres Ziel: Studienabschluss bis zum Snowboard-Karriereende. Neben ihrem Hauptberuf als Leistungssportlerin studiert Julia Dujmovits am Austrian Institute of Management der FH Burgenland „Coaching und Training". Ein zusätzlicher, großer Aufwand? Sicherlich. Aber, so sagt Julia: If it doesn't challenge you, it doesn't change you. Außerdem ist der Generation Y die Investition in Bildung enorm wichtig. Wissen ist heute die Schlüsselressource für wirtschaftlichen und sozialen Fortschritt. Damit wird die kontinuierliche Aus- und Weiterbildung zum selbstverständlichen Teil der Lebensplanung.

Was danach kommt? Weiterhin etwas mit voller Begeisterung und Leidenschaft machen, sagt Julia. Wenn nichts geplant werden muss, dann wird Julias Leben vielleicht auch spontaner und vielleicht sogar chaotischer. Ein notwendiger Ausgleich zur strikten Trainingsroutine. Neben den längerfristigen Zielen ist es am wertvollsten für sie, im Moment zu leben. „Ich denke, wenn man sich zu sehr festlegt, nimmt man sich selbst aus dem Spiel."

Fokus auf das Selbst

Den Schlüssel zum Erfolg hat Julia Dujmovits unbestritten gefunden. Und auf die Frage nach dem gewinnbringenden Umfeld antwortet sie mit der kompliziertesten und zugleich einfachsten Wahrheit: „Am Ende liegt es nur an mir selbst – das habe ich immer wieder gelernt. Oft will man die Verantwortung irgendwie abgeben, aber kein Coach kann mir die Sicherheit oder die Motivation geben, um gewinnen zu können. Niemand kennt mich so gut, wie ich mich selbst."

Karl Grammer

Barrieren gibt es nur im Kopf!

Mit Willenskraft sowie dem Glauben an sich selbst und die eigene Stärke überwindet Georg Tischler aus Gols alle Schwierigkeiten, die ihm das Schicksal in den Weg gelegt hat. Er war gerade mal 16, ein Fußballer wie viele im lokalen Verein und meilenweit vom Leistungssport entfernt, als ihn ein tragischer Unfall Ende Oktober 1977 total aus der Bahn warf – im dichten Nebel übersieht der junge Mopedlenker eine Kurve, und die Schutzengel übersehen ihn. Der Bursche stürzt unglücklich auf einen Stein ...

Georg Tischler ist seither querschnittgelähmt und sitzt im Rollstuhl. Keine Chance auf Heilung – ein unvorstellbarer Schock! Zerrissen zwischen „Ich kann so nicht weitermachen" und „Es wird schon werden" kämpfte sich der schwer geprüfte Jugendliche – damals besuchte er die Handelsschule in Bruck an der Leitha (NÖ) – mühselig zurück ins Leben. Wochenlang lag er im Spital, danach Reha. Über einen Freund kam er schließlich zum Behindertensport. Anfangs zum Tischtennis, bloß das passte nicht zu ihm. Der „Schurl" erkannte für sich: „Ich brauche etwas, was mich so richtig fordert." Kraft, Technik, Schnelligkeit – die Leichtathletik, das faszinierte ihn. Kugelstoßen, Diskus, Speerwurf. Der Burgenländer begann hart zu trainieren.

Die Leidenschaft – im wahrsten Sinne des Wortes – erwachte. Ohne Zaudern nahm sich der Neueinsteiger auf ungewohntem Terrain die rauen Ratschläge seines hartgesottenen Coaches zu Herzen: „Entweder du machst es g'scheit oder gar nicht", „Alles, was nicht weh tut, bringt nichts".

Tischler gab alles, und noch mehr. Mit Sprüchen wie „Lebe deinen Traum" oder „Die Konkurrenz schläft nicht" motivierte er sich. „Du musst bereit sein, täglich aufs Neue an deine Grenzen zu gehen, um sie überwinden zu können", sagte er sich immer wieder. Was seinen Eifer, Elan und Einsatz betrifft, stand und steht der Behinderte bis heute Leistungssportlern ohne Handicap um nichts nach. Sein Credo „Eine Kugel aus Eisen, ein Wille aus Stahl, Schmerzen egal", das mit einem Augenzwinkern sogar auf seinem Auto prangt, kommt nicht von ungefähr.

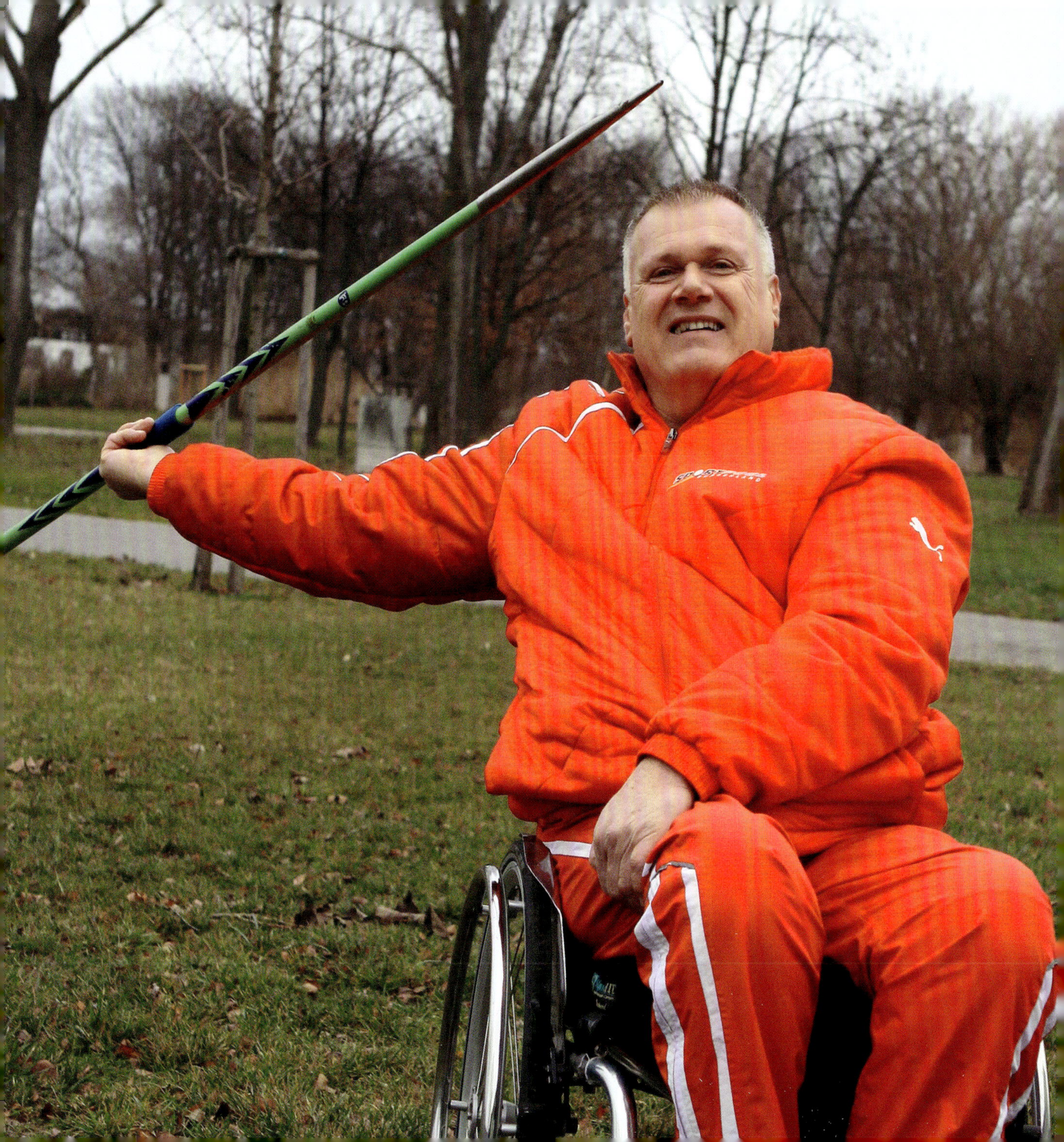

So wie seine Erfolge. Breite Schultern, muskulöse Arme, fester Händedruck – der sportliche Draufgänger ist ein Bär von einem Mann, und dabei sympathisch, freundlich, offen. Entschlossen wirkt sein Blick. Kampfgeist und Durchsetzungsvermögen führten ihn nach ganz oben. 60-facher Staatsmeister samt rot-weiß-roter Rekorde, Sieg bei den World Games 1997, etliche EM- und Cup-Medaillen, Europameister 2010, dreifacher Weltmeister, Sportler des Jahres 2007 im Burgenland (als erster Behindertensportler überhaupt), Behindertensportler des Jahres 2010 in Österreich, das Große Ehrenzeichen des Landes Burgenlandes, das Goldene Ehrenzeichen für Verdienste um die Republik Österreich sowie die Ehrenbürgerschaft seines Heimatortes sind einige der glorreichen Stationen einer athletischen Laufbahn, die ihresgleichen sucht. Seine Sternstunde erlebte Georg Tischler im Jahre 2004 in Athen. Mit dem Weltrekord von 9,67 Metern im Kugelstoßen (den er selbst fünf Jahre später übertreffen sollte) holte sich der Burgenländer den Sieg bei den Paralympics, nach Sydney 2000 seine zweiten, an denen er teilnahm. „Olympia-Gold zu erringen ist das Größte für einen Sportler. Wenn du vor 70.000 jubelnden Zuschauern diesen Triumph feierst, dann ist das Glücksgefühl unbeschreiblich. Ich habe jeden Augenblick genossen. Oft erinnere ich mich daran, als ob es gestern gewesen wäre“, strahlt der Vorzeigeathlet noch Jahre danach wie an diesem einen unvergesslichen Tag. Tischler schrieb damit Geschichte.

Die Goldmedaille von damals und der Lorbeerkranz sind die einzigen Trophäen, die für ihn stets präsent sind. „Sie hängen in der Küche, da sehe ich sie immer wieder“, verrät der Hausherr. Abgesehen davon hat der Seriensieger in der Fülle an Auszeichnungen und Medaillen aber längst den Überblick verloren. „Keine Ahnung, wo meine Pokale sind. In diesem Punkt bin ich etwas nachlässig“, gesteht er.

Immer wieder neue Ziele

Georg Tischler wäre aber nicht der Ausnahmeathlet, hätte er nicht immer neue Ziele vor Augen. Statt sich auf den (olympischen) Lorbeeren auszuruhen, peilt er lieber die nächsten Erfolge an. Aber nicht alle Herausforderungen sind frei gewählt. Dann etwa, wenn das zuständige Komitee eine Reglementänderung beschließt. So geschehen bei den Paralympics 2008 in Beijing (Peking). Vormals getrennte Klassen wurden zusammengelegt, die Bewertungen modifiziert. Tischler belegte trotz zweitbester Leistung nur Rang sechs. Unfair. Das wurmte ihn. Denn für ihn galt: Dabei sein ist eben nicht alles! Prompt kündigte der Burgenländer übermütig vor versammelten Reportern für den nächsten Großbewerb einen neuen Weltrekord an: „Ich habe mich weit hinausgelehnt und in aller Öffentlichkeit geschworen, als Erster die Kugel über zehn Meter zu stoßen.“ Die kühne Ansage beflügelte ihn, Tischler hielt Wort. Exakt 10,32 Meter schaffte er bei der WM im indischen Bangalore 2009. Bislang kam kein Konkurrent an diese Weite heran. Die Traummarke war zum Auftakt der Saison 2016 noch immer das Maß aller Dinge.

Neue Reglements zwangen den „Helden von einst" aber mittlerweile dazu, von seiner Paradedisziplin abzurücken. Seine und andere Handicap-Klassen im Kugelstoßen wurden nämlich bei internationalen Top-Events, wie den Paralympischen Spielen, ersatzlos gestrichen. Jetzt konzentriert sich der Burgenländer verstärkt auf den Speerwurf. Wenngleich der Perfektionist mit seinen Leistungen bisher nicht ganz zufrieden ist, so zeigt er ebenso in dieser Kategorie, dass mit ihm stets zu rechnen ist. Ein vierter Platz bei der EM 2014 und Rang fünf bei der WM 2015 zeigen das Potential des Tausendsassas: „An der Technik muss ich noch feilen." Ezzes holt er sich unter anderem bei Experten in Deutschland.

Eine Klasse für sich

All die Triumphe, all der Jubel und Glanz wären für den erfolgreichen Haudegen allerdings nichts ohne seine Familie. „Sie ist das Wichtigste in meinem Leben. Ohne ihre Unterstützung hätte ich nie Sport auf diesem hohen Niveau betreiben können", betont der Familienmensch. Zu großem Dank verpflichtet fühlt er sich genauso gegenüber seinen Freunden sowie dem Arbeitgeber. Mit dem Abschluss zum kaufmännischen Angestellten fand Tischler über Umschweife bei der Exekutive eine Stelle. Derzeit versieht er Innendienst in der Polizeiinspektion in Frauenkirchen. „Ich werde seit jeher von Kollegen und innerhalb des Polizeileistungssportkaders großartig unterstützt. Ansonsten wäre mit meinem 40-Stunden-Job das Training von vier Stunden pro Tag fünfmal die Woche nicht machbar." Seit Jänner bereitet sich der Athlet im Rollstuhl wieder intensiv auf kommende Turniere vor, bald ist er wieder voll im Wettkampfmodus.

„Olympia-Gold zu erringen, ist das Größte für einen Sportler. Wenn du vor 70.000 jubelnden Zuschauern diesen Triumph feierst, dann ist das Glücksgefühl unbeschreiblich.

Kurzum, Georg Tischler ist einfach eine Klasse für sich. Einer der besten heimischen Behindertensportler aller Zeiten nahm sich trotz schwerer Rückschläge ein Beispiel am Leben, heute kann sich jeder ein Beispiel an ihm nehmen. „Hey, hey Georg, ist dir klar? Du bist unser Superstar", sangen ihm verzückte Mädchen und Buben aus dem Heimatort ein selbst gedichtetes Lied, als der bekannte Golser ihren Kindergarten besuchte. Der Spitzenathlet ist eben Vorbild für Generationen. Ans Aufhören denkt der heute 54-Jährige noch lange nicht. Beharrlich wie eh und je arbeitet er schon auf seine nächsten Ziele hin: die EM im Juli und die Paralympischen Sommerspiele in Rio de Janeiro 2016. Ganz im Sinne eines sportlichen Wettkampfes: Gewinnen kennt kein Handicap!

Thomas Orovits

Der Diamant drunt im Burgenland

Dass Rudolf Luipersbeck bei der Kurbad AG landete, liegt nicht zuletzt an seinem losen Mundwerk. Kaum hatte der 1949 in Gerersdorf bei Güssing zur Welt gekommene Sohn von Wirtsleuten Mitte der 1970er Jahre an der Wiener Hochschule für Welthandel das Studium der Betriebswirtschaft abgeschlossen, wandte er sich ohne übertriebene Scheu vor Autoritäten an Theodor Kery: „Grüß' Sie, ich suche da herunten einen Job", sprach der Jung-Akademiker zum allmächtigen roten Landeshauptmann, der knapp zehn Jahre zuvor als Reformer eines rückständigen Landstrichs angetreten war.

Als Visitenkarte hatte Luipersbeck seine Diplomarbeit über „Das österreichische Tourismuskonzept und die Möglichkeiten seiner Umsetzung" im Gepäck. Seine wissenschaftliche Arbeit erhielt der Ökonom von Kery nie mehr zurück, stattdessen übertrug der Landeschef dem G'studierten eine praktische Aufgabe. Luipersbeck sollte in der Finanzabteilung des Landes die Kreditwürdigkeit von Unternehmen begutachten, für die das Land Haftungen übernahm – für den Bilanzierer, Kostenrechner und Controller wurde das zum unbezahlbaren Intensivlehrgang zur Anatomie des Wirtschaftsstandortes Burgenland. Nach diesem Lehrjahr waren die Rollen vertauscht: Denn jetzt fragte Kery Luipersbeck, ob er nicht fürs Land die Kurbad AG in Bad Tatzmannsdorf leiten wolle. Luipersbeck wollte, vermutlich ohne zunächst genau zu wissen, wie er denn sollte. Heute weiß man – die Mission wurde Luipersbecks Meisterstück.

Als der schlaksige Magister am 1. Jänner 1977 als Prokurist in die im Dornröschenschlaf liegende Kurbad Tatzmannsdorf AG eintrat, war er noch keine 28 Jahre alt. Zwei Jahre später wurde Luipersbeck Vorstandsdirektor des landeseigenen Unternehmens und blieb bis zu seiner Pensionierung im Herbst 2014 ohne Unterbrechung am Steuerrad des Leitbetriebs mit aktuell 400 Mitarbeitern, rund 200.000 jährlichen Nächtigungen und mehr als 20 Millionen Euro Jahresumsatz. Was ist das Unternehmen aktuell wert? Auf einer Skala von 0 bis 100 sei die Kurbad damals bei 10 gelegen, heute bei 100. „Die Kurbad AG ist ein Diamant, was ihre Rolle im Südburgenland betrifft", ist der langjährige frühere Chef überzeugt. Mit anderen Worten: Aus der Baustelle von einst ist ein rares Schmuckstück geworden.

TAURANT

Gegründet wurde die Kurbad AG 1918, als das Burgenland noch Teil Westungarns war. Die Händler Heinrich Hoffmann, Samuel Deutsch, Moritz Heinrich und Johann Hirschler aus dem nahen Szombathely erwarben das vor allem im Sommer stark frequentierte Heilbad in Tatzmannsdorf. Zuvor hatte über Jahrhunderte die ungarische Magnatenfamilie der Batthyánys die Geschicke des Ortes bestimmt, Graf Franz Batthyány machte aus Tarcsafürdö in der zweiten Hälfte des 19. Jahrhunderts gar den bedeutendsten Kurort im östlichen Teil der österreichisch-ungarischen Doppelmonarchie. 1938 wurde die Kurbad AG von den Nationalsozialisten in den Konkurs getrieben und ebenso wie das gesamte Südburgenland dem Gau Steiermark zugeschlagen. Nach dem Zweiten Weltkrieg dauerte es bis 1953, ehe das Land Burgenland die Steiermark und die noch lebenden Altaktionäre entschädigte und die Kurbad AG übernahm.

Mehr als 20 Jahre war der Betrieb dann verpachtet, bis sich Mitte der 1970er Jahre die Grundsatzfrage stellte, ob sich das Land wieder von der Kurbad AG trennen oder selbst das Ruder übernehmen sollte. Vor vier Jahrzehnten war die Kurbad AG nicht nur ein Testfall für die Möglichkeit der wirtschaftlichen Entwicklung einer strukturschwachen Region, sondern auch für die Befähigung des Landes, als Unternehmer tätig zu sein. „Es war ein Risiko", wusste Luipersbeck, denn das im Bundesländervergleich wirtschaftlich immer noch hinterher hinkende jüngste und kleinste Bundesland erlitt in dieser Zeit auch noch einen Rückschlag: „Im Vergleich zur ersten Hälfte der siebziger Jahre nahmen die industriellen Gründungsaktivitäten in der zweiten Hälfte deutlich ab (…)"[1]. Die gegenüber dem Landesnorden ohnehin benachteiligten südlichen Bezirke Oberwart, Güssing und Jennersdorf hatten es da noch einmal schwerer. Weil die „wesentlichen Impulse zur Dynamisierung der Wirtschaft"[2] neben der Industrie vom Fremdenverkehr ausgingen, kam der Kurbad AG in dieser Gemengelage eine immens wichtige Bedeutung zu.

Betriebswirt *und* Volkswirt: Erfolg für Firma und Region

„Es gab wenige strategische Betriebe im Landessüden", erinnert sich Luipersbeck. Das Credo des Managers: „Ich bin nicht nur Betriebswirt, sondern auch Volkswirt". Soll heißen: Von der Entwicklung des Unternehmens müssen auch die Region und deren Arbeitsmarkt profitieren. Deshalb wurde die Kurbad AG auch größter Lehrlingsausbildner für Gastronomie und Tourismus. Und deshalb hat Luipersbeck den Ausländeranteil unter den Beschäftigten sehr niedrig gehalten. Ungarn ist zwar Mitglied der EU, aber er sei nun einmal „für meine Leute da", gibt der Südburgenländer unumwunden zu. Das war auch der Beweggrund für den Aufbau der Gesundheitsakademie im Schloss Jormannsdorf, das Berufsförderungsinstitut bildet dort Fachkräfte im Gesundheitsbereich für den burgenländischen Bedarf aus. Auslöser war der EU-Beitritt der mittelosteuropäischen Staaten, deren Heilmasseure-Ausbildung viel länger dauerte als in Österreich. Also musste man nachziehen, damit die Kurbad AG konkurrenzfähig blieb. „Ich bin ein Verfechter des öffentlichen Eigentums an bestimmten, strategisch wichtigen Unternehmen", macht Luipersbeck kein Geheimnis aus seiner wirtschaftspolitischen

Position. Er habe „Arbeitsplätze für unsere Leute schaffen“ wollen, damit die Menschen nicht auspendeln oder gar auswandern müssen.

Luipersbeck spricht aus familiärer Erfahrung: Seine Großeltern waren in die USA ausgewandert, sein Vater Franz wurde 1922 in Übersee geboren. Während Franz Luipersbeck aber mit den Eltern gut zehn Jahre später heimkehrte, sind dessen Geschwister allesamt in Nordamerika geblieben. Ob er selbst nie daran gedacht habe wegzugehen? Nein, denn „ich bin ein Südburgenländer, ein Hianz“. Das erklärt wohl auch, warum Luipersbeck lukrative Angebote von Unternehmen außerhalb des (Süd)Burgenlandes stets ausgeschlagen hat. Dazu kommt, dass er die Kurbad AG auf ein immer breiteres Fundament stellen wollte und sie zudem als Dynamo für den ganzen Kurort verstand. So kam es, dass er sein ganzes Berufsleben lang einem einzigen Unternehmen die Treue hielt. Kaum zu glauben für einen Spitzenmanager. Luipersbecks launige Erklärung: „Ich bin von gestern“.

Dass er Vorstandsdirektor werden sollte, war dem älteren von zwei Söhnen eines Gastwirte-Ehepaares nicht in die Wiege gelegt. In jungen Jahren mehrten sich aber die Anzeichen. Denn zu den frühen Berufswünschen gehörten Offizier und Koch/Kellner. Und am Ende wurde Luipersbeck ja Generaldirektor eines Tourismuskonzerns, den früheren Lebensplan hat er nicht weggeworfen, sondern fortgezeichnet. Einen Schubser auf dem Weg zum Manager hat ihm wohl auch sein Vater gegeben, der in den 1960er Jahren listig gemeint hatte: „Die Handelsschule könnte man auch machen“. Ein Jahr später war’s dann schon die Handelsakademie. Luipersbeck im Rückblick: „Die Frage war, was traut man sich zu?“

Ja, was traute er sich zu? Als der Manager Mitte der 1970er Jahre nach Tatzmannsdorf gekommen war, hatte das Land begonnen, die heruntergekommene Substanz Schritt für Schritt zu erneuern. 300 Millionen Schilling (rund 22 Millionen Euro) wurden in den kommenden Jahren investiert. 1979 – Luipersbeck war vom Prokurist zum Alleinvorstand der AG avanciert – wurde das neue Kurmittelhaus eröffnet. Die erste Anerkennung kam 1982 mit dem Ehrenpreis der Burgenlandstiftung – Theodor Kery. Der „beispielhafte Ausbau des Kurzentrums Bad Tatzmannsdorf“ zum „Herz-, Kreislauf-, Rheuma- und Frauen-Heilbad“ sei „nicht zuletzt auf die zielstrebige, erfolgreiche Arbeit in der Kurbad Tatzmannsdorf AG zurückzuführen“, hieß es damals in der Begründung der Jury.

Das war aber nur der Anfang. Gerade in einer wirtschaftlich schwierigen Zeit sollten Investitionen Wachstum bringen. „Ich habe jeden Ball aufgenommen, der Wertschöpfung bringt“, sagt Luipersbeck. In den 1980er Jahren wurde die Bettenkapazität massiv ausgebaut, möglich wurde das durch Kooperation mit den Sozialversicherungsträgern. Ein von Luipersbeck initiiertes Forschungsprojekt des Ludwig-Boltzmann-Instituts stellte der Behandlung vor allem bei chronischen Schmerzen im Bereich des Bewegungsapparates ein gutes Zeugnis aus. Während Moorpackungen im Kurort schon mehr als 100 Jahre praktiziert wurden und das kohlensäurehältige

Heilwasser zur Behandlung von Herz-Kreislauf-Erkrankungen und für Trinkkuren 1621 erstmals urkundlich erwähnt wurde, ist das dritte Heilmittel engstens mit Luipersbeck verbunden. „Ich war der Erste, der gesagt hat, wir brauchen Thermalwasser, selbst als die Politik davon noch nichts wissen wollte", betont Luipersbeck. In der Steiermark, aber auch in Westungarn wurde damals intensiv nach heißen Quellen gebohrt, das Burgenland drohte dazwischen auf dem Trockenen zu bleiben.

Suche nach dem heißen Wasser

Auf eigene Faust und Risiko habe man deshalb auch in Bad Tatzmannsdorf nach Thermalwasser gebohrt und „Gott sei Dank 1988 gefunden". Die Kurgemeinde und der Nachbarort Oberschützen wurden ebenso eingebunden wie 53 Kommanditisten, mittlerweile sind es 108. Private Kapitalgeber vor allem aus der Region zu begeistern, ist Luipersbeck stets ein vordringliches Anliegen gewesen. Der überzeugte Südburgenländer bot sich auch in Stegersbach als Geburtshelfer an, dort zog er sich aber bald ebenso wieder zurück wie in Lutzmannsburg. Auch, weil er in seiner Kurbad AG ohnehin alle Hände voll zu tun hatte: In den 1990er Jahren begann das Landesunternehmen mit neuen Hotelbauten, „weil wir Kraft und Perspektive hatten". 1994 wurde das Kur- & Thermenhotel eröffnet, 2003 folgte das Thermen- & Vitalhotel, bis 2013 kamen noch die Kurhotels I bis III hinzu. Als Luipersbeck das Unternehmen an seinen Nachfolger Leonhard Schneemann übergab, war die Kurbad AG rundum erneuert. „Wir haben bis 2014 die gesamte alte Bausubstanz weggerissen und vollkommen erneuert", sagt Luipersbeck. Heute gehören ein Kurzentrum und ein Gesundheitsressort ebenso zur Kurbad AG wie die Gesundheitsakademie und Anteile an der Burgenland-Therme.

Soll die Kurbad AG im Eigentum des Landes bleiben? Um Tafelsilber zu verscherbeln, sei die Kurbad viel zu wichtig, aber wenn das Unternehmen neues Terrain betrete, etwa den Einstieg in die Rehabilitation, könnte ein strategischer Partner mit entsprechendem Know-how und neuem Kapital schon eine Option sein.

Letztlich nur eine Option blieb der Südburgenland-Manager, zu dem Luipersbeck nach Ende seiner Karriere bei der Kurbad AG auf Wunsch der Landespolitik bestellt werden sollte. Die Regierungsparteien gerieten sich 2015 im Vorwahlkampf in die Haare und Luipersbeck zog seine Bereitschaft zurück. Womöglich zum Schaden der Politik, wohl kaum zu seinem eigenen, denn gemanagt hat Luipersbeck das Südburgenland ohnehin schon 35 Jahre lang. Mit sichtbarem Erfolg.

[1] Wolfgang Jandrisits/Kurt Pratscher: Die Wirtschaft des Burgenlandes; in: Geschichte der österreichischen Bundesländer seit 1945 – Burgenland, Hg. Roland Widder; Böhlau-Wien 2000; S. 552

[2] Ebd. S. 556

Preisträgerinnen und Preisträger 1976-2016

Menschen vor den Vorhang

Es sind exakt 592 Personen und Persönlichkeiten, Projekte und Institutionen, die von der Burgenlandstiftung – Theodor Kery in den vergangenen 40 Jahren unterstützt und ausgezeichnet werden konnten. Sie alle sollen nachstehend, alphabetisch und nach Bereichen, aufgelistet werden. Zur besseren Lesbarkeit wird hier auf akademische oder sonstige Titel bzw. Funktionen verzichtet.

Bildende Kunst

- Ambrosi-Verein Haydndenkmal
- Bernhardt Josef
- Bertoni Wander
- Bruckschwaiger Heinz
- Concentrum Schlaining
- Dirnbeck Julius
- Egger Ralph
- Elfen-Frenken Fria
- Frank Ino und Irmin
- Gyolcs Franz
- Hahnenkamp Maria
- Herowitsch Josef
- Horvath Wolfgang
- Lattner Heimo
- Laubner Sepp
- Lehmden Anton
- Lehner Josef
- Maier Peter
- Messner Karl
- Moravitz Erwin
- Morawitzky Emil
- Novosel Erich
- Orgelfestival Lockenhaus
- Pirch Harro
- Pokorny Gregor
- Pongratz Peter
- Propstei Eisenstadt Oberberg
- Ramsauer Johannes
- Reisner Erwin

- Reszner Gottfried
- Sauer Birgit
- Sauerzopf Eduard
- Schmeller Alfred
- Schneider Robert
- Schrammel Lilo
- Schügerl Herbert
- Serient Hermann
- Simon Franz
- Stanschitz Erich
- Team Ziel1=Kunst=Ziel1
- Toth Ludwig
- Truger Ulrike
- Vass Franz
- Vitorelli Rita
- Wanke Johannes
- Watzek Koloman
- Wetzelsdorfer Hans
- Wotruba Fritz

Darstellende Kunst

- Bauer Wolfgang-Michael
- BG/BRG/BORG Oberschützen
- Bläserchor Oberwart
- Blasmusikverband Burgenland
- Brahms-Trio
- Bucur Daniel
- Camerata Pannonica
- Cappella academica Graz
- Collegium Viennese
- Cselley Mühle Oslip
- Dedicated to
- Dobrovich Maximilian
- Dugava Theatergruppe
- Fata Morgana
- Garish
- Gradwohl Bernd
- Gstettner Bertl
- Haring Christian
- Hautzinger Franz
- Haydn Trio Eisenstadt
- Hermeling Tobias
- Horvath Christian
- Impro 2000 Jazzgalerie Nickelsdorf
- Internationales Guitar Festival Rust
- Jenő-Takács-Kammerorchester Burgenland
- Joseph Haydn Konservatorium des Landes Burgenland
- Jugendsinfonieorchester Burgenland
- Junge Initiative Kroatisch Minihof
- Kammerorchester des Joseph Haydn Konservatoriums
- Kantorei Oberschützen
- Karin Schäfer Figurentheater
- Kerstinger Klaus
- Kocsics Stefan

- Koller Julius
- Krammer Gerhard
- Kubizek Rudolf
- Kulturkreis Rust
- Kulturvereinigung Oberschützen
- Kutrowatz Eduard und Johannes
- Lehrertrio Burgenland
- Lentsch Margit
- Leseverein der reformierten Jugend Oberwart
- Maltz
- Mayer Doris
- Messner Angelika
- Musikantenwoche ARGE Burgenland
- Musikverein Oslip
- Neuhold Gertrude
- Parapatits Ludwig
- Plachky Maria
- Rauchbauer Friedrich
- Reiner Andreas
- Ritter Heinz
- Sängerschmiede Ramaza
- Schlossspiele Kobersdorf
- Schober Isolde
- Schurli Franziska
- Spuller Willi
- Stricker Toni
- Strobl Otto
- Takács Jenő
- Tiananmen
- Treiber Rudolf
- Triffnix-Horns
- Uccusics Hilda
- Vesely Robert
- Volkshochschule der Burgenländischen Roma
- Volksschule Steinbrunn
- Volkstanzverband Burgenland
- Wagner Peter
- Walter Franz
- Weidinger Karin
- Weissenbacher Brigitte
- Zebinger Franz
- Zentralmusikschule Oberpullendorf
- Zweierlei

Ehrenpreise

- Altenwohnheim und Pfarrgemeinde Oberwart
- Behinderten-Förderungsverein Neusiedl
- Doppler Josef
- Elternverein zur Förderung Behinderter
- Europahaus Eisenstadt
- Europäisches Museum für Frieden
- Feichtinger Christine
- Feuerwehrjugend Burgenland
- Halwachs Gisela
- Horwath Wolfgang
- Jahrmann Arpad

- Kedl Christine
- Knahr Karl
- Krammer Gerhard
- Kunnert Heinrich
- Lockenhauser Konzerte
- Loibl Rosalia
- Markon Karl
- Meyer Wolfgang
- Mattersburger Theaterverein
- Oberpullendorfer Laienspielgruppe
- Paul Anton Kellerstiftung Burg Lockenhaus
- Pfarramt Illmitz
- Plank Lorenz
- Plenum
- Pöckl Erich
- Pollak Johann
- Proksch-Heim
- Raunigg Manfred
- Reicher Walter
- Steinhauser Rosita
- Suppan Wolfgang
- Team Bauer Christoph
- Verein Elisabeth-Heim
- Wortmühle
- Wukovits Toni und Wagner Peter

Geisteswissenschaft

- Altenburger Josef
- ARGE Heimatarchiv Hornstein
- ARGE zur Erforschung der Burgenländischen Arbeiterbewegung
- Banny Leopold
- Bekesi Sándor
- Benkö Josef
- Berger Melitta
- Bernhard Cheryl
- Burgenländisches Volksliedwerk
- Brettl Herbert
- Briefmarkensammelverein Pinkafeld
- Dokumentationsarchiv des österreichischen Widerstandes
- Eidler Karl
- Feymann Walter
- Floiger Michaela
- Franz Lisztgesellschaft Burgenland
- Geosits Stefan
- Geschichstwerkstatt Burgenland
- Gmasz Sepp
- Gober Eva Maria
- Hajszan Robert
- Harmony Edith
- Hess Michael
- Höld Agnes
- Holzinger Ernst

- Horvath Emmerich
- Initiative Frauensommer
- Jandl Karoline
- Kracher Rudolf
- Krenn Martin
- Kriegler Johann
- Kropf Rudolf
- Kulturkreis Burgenland
- Lang Adolf
- Lass Alexander
- Leser Norbert
- Meyer Wolfgang
- Moritz Verena
- Mühlgaszner Edith
- Museum- und Kulturverein Kaisersteinbruch
- Niegl Manfred
- Paul Hans
- Peck Brigitte
- Pflanger Margit
- Piff Hans
- Pinter Karl
- Presich Liane
- Propstei Oberberg
- Rauchbauer Otto
- RE.F.U.G.I.U.S
- Regionalpädagogische Zentren Burgenland
- Schlaffer Edith
- Schleichert Gertraud
- Schlösslverein Mogersdorf
- Stifter David
- Stubits Leo
- Tschögl Gert
- Verein Internationale Haydn-Stiftung Eisenstadt
- Vielhaber Christian
- Wind Alexander
- Wurth Rüdiger

Kultur

- Bauer Peter
- Burgenländische Hianzische Gesellschaft
- Burgenländische Kulturzentren
- Bundschuh Heinz / Striegl Kurt
- Charmant Rouge
- Cselley Mühle Oslip
- Dom- und Stadtpfarre Eisenstadt
- Dorfmuseum Mönchhof
- Franziskanerkloser, Stadtpfarre Güssing
- Franz Liszt Verein Raiding
- Jagschitz Gerhard
- Karal Viola
- Keller Margaret
- Kisser Gerhard
- Kohlmann Fritz
- Koo Blaudruckfärberei
- KUGA
- Kulturhaus Bauermühle Mattersburg

- Kulturvereinigung nördliches Burgenland
- Kunst & Utopie
- Landestechnisches Museum Burgenland
- Lehmden Barbara
- Lehner Andreas
- Lentsch Margit
- Meyer Wolfgang
- OHO - Offenes Haus Oberwart
- Richter Manuela
- Rosarium Verein
- Schlösslverein Mogersdorf
- Schoberwalter Anton
- Tamburizza Steinbrunn
- Theaterinitiative Burgenland
- Treiber Oliver
- Verein Burg Forchtenstein Fantastisch
- Verein Kunzt
- Verein Stein auf Stein
- Verein Synagoge Kobersdorf
- Wahlhütter Sebastian

Literatur und Publizistik

- Altmann Gerhard
- Anlernwerkstätte für behinderte arbeitslose Jugendliche
- Autorenwettbewerb
- Bauer Gerhard
- Belveder-Verlag
- Berczeller Richard
- Bernhardt Katrin
- Binder Sidonia
- Bundschuh Christine
- Burgenländische Gemeinschaft
- Burgenländisches Leben
- Burgenländisches Volksliederwerk
- Dirnbeck Josef
- Dowas Katharina
- Dürhammer Ilija
- edition lex liszt 12
- Edition N.N Oslip
- Elfen-Frenken Fria
- Fischer Agnes
- Flöss-Unger Helene
- Harmtodt-Rudolf Marlene
- Heger Robert
- Horvath Stefan
- Internationales Hörspielzentrum
- Jestl Alfons
- Kleinl Siegmund
- Köttner-Bengini Klara
- Kramer Wilhelm
- Land im Wandel – Burgenland 1945-1955
- Landesverband Burgenländischer Bibliothekare
- Leopold Anton
- Leser Jolanthe
- Literaturhaus Mattersburg
- Literaturstammtisch

- Lutterschmidt Franz und Rosa
- Lutz Trude
- Marshall-Kreis St. Margarethen
- Marth Johann
- Mayer Doris
- Miletits Johann
- Millendorfer Wolfgang
- Murnberger Wolfgang
- P.E.N.-Club Burgenland
- Petrik Dine
- Pirch Anni
- Popper Ludwig E.
- Raimund Hans
- Reichl-Bund
- Renisch Franz
- Robak Fritz
- Rochelt Johann
- Schantl Kurt
- Schlag Gerald
- Schlögl Martin
- Schmidt-Piller Katja
- Schneller Erich und Klinger Annemarie
- Schoretits Ana
- Sebauer Vera
- Simonsen Beatrice
- Steflitsch Wolfgang
- Stern-Braunberg Anni
- Stöger Klaus
- Straub Wolfgang
- Strobel Bernhard
- Stumpf Reinhold F.
- Theuer Franz
- Tiwald Katharina
- Toth Wilhelm
- Treiber Jutta
- Trimmel Robert
- Tschank Feri
- Unger Günther
- Vegh Heinz
- Vereinigung burgenländischer Geographen
- Wenzl Reinhard
- Winkler-Hermaden Ulrike
- Zelger-Alten Gertrud

Naturwissenschaft

- Alsen Herbert
- ARGE Endoskopiezentrum
- Baumgartner Michael
- Binder Johann
- Birner Peter-Klaus
- Boszotta Harald
- Cerny Gerhard
- Eder Gerhard
- Guglia Otto
- Hartter Engelbert
- Hausner Josef

- Herincs Gustav
- Hofer Matthias
- Howanietz Leopold
- Iby-Edelbauer Silvia
- Jäger Margret
- Jaskulski Wolf
- Krankenhaus Oberpullendorf Kinderwunsch Zentrum
- Krankenhaus Oberwart Urologoie
- Krebshilfe Burgenland
- Krutzler Thomas
- Kulturverein nördliches Burgenland
- Kurz Christian
- Laky Brenda
- Mach Karl
- Mikula Hannes
- Ortbauer-Jaindl Martina
- Pronai Wolfgang
- Reidl Elisabeth
- Sator Ferdinand
- Schrödl Franz
- Soldatitsch Markus
- Stadler Michael, CET
- Stalzer Wolfgang
- Stehlik Josef
- Stockenhuber Felix
- Szmolyan Peter
- Tragl Karl Heinz
- Tuscher Engelbert
- Verein der Freunde des Krankenhauses Oberpullendorf
- Verein zur geologisch-paläontologischen Erforschung der Csaterberge
- Weissenbacher Günther
- Windisch Andreas
- Zimmermann Anton

Soziales

- 2GETTHERE Mattersburg
- Aktion Mitmensch
- Aktion Notruf
- Altenheim Haus St. Martin
- Altenwohn- und Pflegeheim Oberpullendorf
- ARBÖ
- ARGE Gemeindeamt Allhau
- Barmherzige Brüder Eisenstadt
- Bauer Franziska
- Behinderten Förderungsverein
- Behinderten-Förderungsverein Neusiedl
- Behindertenverein Jennersdorf
- Berufsverband Burgenland Dipl. Sozialarbeiter
- Böbel Roland
- Bund diabetischer Kinder in Österreich
- Burgenländisches Arbeiterwohnheim
- Caritas der Diözese Eisenstadt
- Caritas-Altenheim Eisenstadt

- Elternring Südburgenland
- Elternverein zur Integration Behinderter
- Evangelisches Altenheim Oberwart
- Evangelische Diakonie Pinkafeld
- Evangelischer Diakonieverein
- Familienwohngemeinschaft Vogelmann
- Fennes Christa und Paul
- Feuerwehr Burgenland
- Fischer Tatjana
- Förderung Behinderter im Burgenland
- Frauen für Frauen
- Frauenservice-Stelle
- Gesundheitsforum Burgenland
- Gneis Elfriede (Schwester Marco)
- Grandits Franz
- Haring Josefa
- Haus der Familie Bad Sauerbrunn
- Hospizbewegung Burgenland
- Intensivwochengruppe Markt Allhau
- Jugendhaus Oberwart
- Kinderbetreuungseinrichtung Eisenstadt
- Kinderdorf Pöttsching
- Kindergarten Oggau
- Kinderheim Wimpassing
- Maron Maria
- Mein Laden
- Mirno More
- MONA NET
- Mutter Teresa-Vereinigung
- Nachbarschaftshilfe Plus
- Ökumenischer Sozialfonds
- Österreichische Wasserrettung
- Österreichischer Zivilinvalidenverband Burgenland
- Pannonische Tafel
- Pater Prior, Ildefons Pernsteiner
- Payer Norberta
- Pro Mente Burgenland
- Reinprecht Christopher
- Rotes Kreuz
- Rotes Kreuz Hospizgruppe
- Samariterbund Burgenland
- Schmidt Josef
- Schwester Norberta
- SOS-Kinderdorf Pinkafeld
- Soziale Betreuungshilfe
- Sozialer Dienst
- Sozialinitiative Grosspeterdorf
- Sozialinitiative Ollersdorf
- Szultuan Arbeitsgemeinschaft
- Tagesmütter Burgenland
- Therapiezentrum Auhof
- Tierschutzverein Burgenland
- Tschögl Andrea
- Verein Argumento
- Verein Cenacolo
- Verein Burgenländischer Pflege-und Adoptivfamilien

- Verein Burgenländisches Schulmuseum Lockenhaus - Langeck
- Verein Die Treppe
- Verein Discobus
- Verein Jugendzentren Eisenstadt
- Verein Kastell Dornau
- Verein MOKI Burgenland
- Verein Rettet das Kind
- Verein Rote Nasen Clowndoctors
- Verein Soziale Dienste Frauenkirchen
- Verein Vamos
- Verein Werkstätte für arbeitslose Jugendliche Eisenstadt
- Verein Wir leben
- Verein zur Hilfe für krebskranke Kinder
- Vereinigung BUNGIS
- Vilis Dominik
- Volkshilfe Burgenland
- Weiss Karoline
- Wohngemeinschaft Kotezicken
- Zirkovitsch Martin

Sport

- ASKÖ
- ASVÖ
- ASVÖ Schultalente
- Baseballclub Crazy Geese
- Baumgartner Astrid
- Bongarts Isabelle
- Bredlinger Ursula
- Bundeskonvikt Eisenstadt
- Bundeskonvikt Oberschützen
- Burgenländischer Skiverband
- Dollmann Manfred
- Dujmovits Julia
- Eisenstädter Leichtathletikclub
- Eis- und Rollsportvereinigung Eisenstadt
- Eranovic Valantina
- Familie Wiener
- Fischer Elvira
- Fister Ingrid
- Frank Michael
- Fuhrmann Ferdinand
- Fussball-Leistungszentrum Burgenland
- Glöckner Georg
- Haberler Elisabeth
- Hitzel Christopher
- Hofmanova Nikola
- HSV Pinkafeld
- Iron Racing Downhill
- Kampf Sabine
- Kiss Hans
- Knopf Michael
- Leichtathletikverband Burgenland
- Maltrovsky Raffael
- Märk Walter

- Mayer Martina
- Meixner Josef
- Mesaros Florian
- Ostrogonac Albert
- Österreichischer Touristenclub Eisenstadt
- Pallitsch Raphael
- Parits Tina
- Pichler David
- Polizeisportverein Schießen
- Prohaska Kerstin
- Raffalt Bettina
- Raptors
- Riegl Christina
- SC Eduscho Eisenstadt
- Schindler Victoria
- Sommer Andreas
- Spitzbauer Hans
- Sportverein Deutsch-Kaltenbrunn
- Stadler Lisa
- Tennisverband Burgenland
- The One Wheel Dragons
- Tischler Georg
- Trimmel Nicole
- Turn- und Sportverein, Ringen
- Weis Michael
- Wilhelm Florian
- Zivilinvalidenverband Österreich

Wirtschaft

- ALU Sommer GmbH
- Autohaus Horvath
- Bauwelt Koch
- Becom Electronics GmbH
- BIT Studio
- Blaguss Gruppe
- Fenz Reinhold
- Fertigbeton Schneeberger Ges.m.b.H
- Gartengestaltung Bieberle eU
- Gebrüder Jessenko
- Guttmann Torsysteme GmbH und Co KG
- Guttmann & Co
- Hotel-Restaurant Raffel
- Kohlmann Fritz
- Kunstgewerbe Beranek
- Kurbad AG Bad Tatzmannsdorf
- Leier Baustoffe GmbH & Co KG
- MARETO Kunststoffverarbeitung GmbH
- Neudörfler Möbelfabrik Karl Markon Ges.m.b.H
- Nikitscher Metallwaren GmbH
- Perlinger Gemüse
- Pfneiszl – Das Fenstergeschäft
- Pöttelsdorfer Putenfarm
- Reiter's Burgenland Resort
- Rötzer Druck Ges.m.b.H
- Saniped
- Steiner Alois GesmbH

- Strauss Karl
- Teerag Asdag AG
- Trevision
- Tridonic Atco
- Stahlbau Unger Ges.m.b.H
- Vila Vita Pannonia
- Vossen GmbH & Co. KG
- Wagner Sicherheit GmbH
- Werfing Ges.m.b.H
- Woschitz Engineering ZT GmbH

Die allgemeinen Bedingungen für Anträge für eine Förderung durch die Burgenlandstiftung – Theodor Kery, Antragsvorlagen und weiterführende Informationen sind im Internet abrufbar unter:
http://www.kerystiftung.at

Autorinnen und Autoren

Marlene Anger, BA, geb. 1986 in Wien, aufgewachsen in Oberdorf im Burgenland. Matura am Wimmer Gymnasium Oberschützen, Studium der Theater-, Film- und Medienwissenschaften an der Universität Wien, wohnhaft abwechselnd in Wien und Oberwart. Seit 2011 in Eisenstadt, beschäftigt als Redakteurin bei verschiedenen Print-, Online- und TV-Medien und Pressesprecherin. Nebenbei Masterstudium „Information Medien Kommunikation" an der Fachhochschule Burgenland.

Walter Feymann, Mag. Dr., geb. 1947 in Lindgraben. Studium der Geschichte und Sozialkunde, Deutsche Philologie, Psychologie, Philosophie und Pädagogik an der Universität Wien, Promotion in Geschichte und Deutscher Philologie 1970. Lehrer am Gymnasium Oberpullendorf und Eisenstadt, zuletzt Direktor des Gymnasiums Kurzwiese und Landesschulinspektor für AHS und BAKIP. Veröffentlichte einige Arbeiten zur burgenländischen Zeitgeschichte.

Silvia Freudensprung-Schöll, geb. 1965, stammt aus Oberpetersdorf, lebt in Eisenstadt, kam über den Umweg Jurastudium zum Journalismus. Seit 1990 Kulturredakteurin beim ORF Landesstudio Burgenland. Mitautorin „Reisebuch Burgenland. Plätze. Blicke. Poesie". Herausgeberin des Buches „Keros und die Erdfresser", ausgezeichnet mit dem Literaturpreis der Burgenlandstiftung – Theodor Kery.

Roland Fürst, Prof. (FH) Mag. (FH) Dr., geb. 1969, wohnhaft in Bad Sauerbrunn. Gelernter Betriebsschlosser, Studium der Sozialen Arbeit im zweiten Bildungsweg. Studium der Sozialwissenschaften an der FH St. Pölten und der Politikwissenschaft an der Universität Wien. Sozialarbeiter in den verschiedensten Arbeitsfeldern der Sozialen Arbeit (Bewährungshelfer), Pressesprecher, freier Journalist und Publizist. Hochschullehrer und Professor an der FH Campus Wien. Seit 2014 Department- und Studiengangsleiter für Soziale Arbeit an der Fachhochschule Burgenland.

Michael Gerbavsits, Mag., geb. 1967 in Güssing. Matura am BORG Güssing. Studium der Sozial- und Wirtschaftswissenschaften an der Wirtschaftsuniversität Wien. Ab 2011 Vorstandsdirektor der Energie Burgenland AG, seit 2015 Vorstandsvorsitzender. Davor u. a. Landesdirektor der Bank Austria AG, Vorstand der Burgenland Holding AG, Kabinettschef und Pressesprecher in Ministerbüros, Wahlkampfmanager der SPÖ Burgenland, Gemeinderat und Vizebürgermeister in Gerersdorf-Sulz. Herausgeber mehrerer Bücher. Seit 2011 Präsident der Burgenlandstiftung – Theodor Kery. Vater von drei Söhnen.

Karl Grammer, geb. 1964, Studium der Theologie, Politikwissenschaften und Geschichte an der Universität Wien. Freier Mitarbeiter bei „Kronen Zeitung", „Kurier", Bezirksmagazinen, Flughafenmagazinen und anderen. Seit 1998 Redakteur der „Kronen Zeitung" in den Regionalausgaben Niederösterreich und Burgenland sowie Reiseberichterstatter.

Hannelore Halwax, geb. 1972 in Eisenstadt, aufgewachsen in Mörbisch am See. Nach fast 20 Jahren im Bankgeschäft Wechsel in die Energiebranche als Assistentin des Vorstandssprechers (2011). Seit August 2015 Leiterin der Kommunikation und Pressesprecherin der Energie Burgenland. Lebt mit ihrem Lebensgefährten und einem Sohn in Eisenstadt.

Wolfgang Kery, geb. 1949 in Kobersdorf, verheiratet, zwei Kinder, vier Enkelkinder. Volksschullehrer, Hauptschullehrer und Psychagoge. Direktor an der Hauptschule Andau. Von 2003 bis 2010 Schulinspektor im Bezirk Oberpullendorf, von 2010 bis Ende 2014 im Bezirk Neusiedl am See. Seit 1. Dezember 2014 im Ruhestand.

Thomas Lehner, Mag., KommR, geb. 1963, wohnt in Pöttsching. Direktor der Arbeiterkammer Burgenland seit 2012, zuvor seit 1998 Direktor-Stellvertreter. Aufsichtsratsmitglied der Energie Burgenland, Vorsitzender der Naturfreunde Burgenland, Obmann des Vereins „Freunde der BF".

Eva Maltrovsky, Mag. Dr., geb. 1959, lebt in Eisenstadt und Wien. Promotion über Sprache-Bild-Texte in der bildenden Kunst. Hochschulprofessorin an der PH Burgenland, Lehraufträge an der Universität Wien, Vorträge im In- und Ausland, Kuratorin und Autorin im Bereich Bildende Kunst im 20. und 21. Jahrhundert. Zahlreiche Publikationen, wie z. B. „Lust am Text in der bildenden Kunst"; „Werkstatt Breitenbrunn, Internationale Avantgarde im Burgenland 1967–1980". Mitarbeit an internationalen Projekten (wie Goethe Universität Frankfurt).

Christine Marold, geb. 1950, lebt in Hornstein. Journalistische Ausbildung im ORF, Redakteurin und Präsentatorin von Radio- und Fernsehsendungen, redaktionelle Mitarbeit am Aufbau der Kroatisch-Redaktion im ORF Landesstudio Burgenland, Gestalterin von „Österreichbildern" und TV-Dokumentationen. Sie moderiert Veranstaltungen, gibt Lesungen und engagiert sich in der burgenlandkroatischen Volksgruppenarbeit (u.a. mehrsprachiges Schlagerprojekt des HKDC). Buchautorin von „Frauen im Fernsehen" 2007, edition lex liszt 12, seit 2008 freischaffend.

Wolfgang Millendorfer, geb. 1977, lebt als Autor und Journalist der „BVZ" in Mattersburg. Seine Erzählbände „Stammgäste" und „Doppelgänger" erschienen im burgenländischen Verlag edition lex liszt 12. Zahlreiche Auszeichnungen, zuletzt: Sonderpreis in Memoriam Vera Sebauer / Energie-Burgenland-Literaturwettbewerb, Burgenländischer Literaturpreis 2011, Förderpreis der Burgenlandstiftung – Theodor Kery 2012. Mitwirkung an Theater- und Filmprojekten, Initiator verschiedenster Kunst-Events und Musik-Experimente.

Henrike Mörz-Dorner, geb. 1975 in Eisenstadt, aufgewachsen in Wien und im Burgenland. Schulausbildung in Wien, Lackenbach und Eisenstadt. Start der Berufslaufbahn in der Bank Austria, dort in verschiedenen Bereichen tätig. Daneben ehrenamtliche Funktionen. Verheiratet, Mutter eines Sohnes, lebt in Sieggraben.

Thomas Orovits, geb. 1963 in Oberwart, Matura 1982. Behindertenbetreuer. Ab Mitte der 1990er Jahre Mitarbeit bei verschiedenen Zeitungen: „Täglich Alles", „BF – Die Burgenlandwoche" (Chefredakteur), Burgenland-Korrespondent von „Die Presse", seit 2008 beim „KURIER".

Beate Pauer-Zinggl, Mag., MSc, geb. 1974 in Oberpullendorf, Studium der Rechtswissenschaften an der Universität Wien. Rechtspraktikum im Burgenland und Wien, freie Mitarbeiterin beim ORF, HR-Managerin und Vorsitzende des Beirats der Akademie Burgenland GmbH, Kuratorin der Burgenlandstiftung –Theodor Kery.

Georg Pehm, Mag., geb. 1964 in Wien, Studium der Volkswirtschaftslehre an der Universität Wien. Absolvent des Joseph Haydn Konservatoriums. Berater im Arbeitsmarktservice, Journalist, Pressesprecher, Abgeordneter. Verschiedene Geschäftsführungsfunktionen, derzeit an der Fachhochschule Burgenland GmbH und von denkteam+partner. Vorsitzender des Aufsichtsrates der Forschung Burgenland GmbH und Mitglied des Aufsichtsrates der Akademie Burgenland GmbH. Mitglied des Vorstandes der Österreichischen Fachhochschul-Konferenz, der Akademie2021, des Int. Literaturfestivals GRENZENLOS LESEN und der Freunde der Seefestspiele Mörbisch. Vizepräsident der Burgenlandstiftung – Theodor Kery. Herausgeber und Autor mehrerer Bücher.

Karin Perner, geb. 1968, lebt in Mattersburg. Studium der Soziologie, Beraterin und Aus- und Weiterbildungskoordinatorin des Arbeitsmarktservice Burgenland und Wien. Sprachbereichsleiterin der Burgenländischen Volkshochschulen. Trainerin im Bereich Erwachsenenbildung. Seit 1999 Vorstandsassistentin in der Energie Burgenland AG. Seit 2004 mit der Organisation der Burgenlandstiftung – Theodor Kery betraut.

Raphaela Reinfeld-Spadt, MMag. Bakk., geb. 1986 in Wien, aufgewachsen in Horitschon. Matura am Oberstufenrealgymnasium Oberpullendorf, Studium der Publizistik- und Kommunikationswissenschaften sowie Romanistik (Italienisch und Französisch) an der Universität Wien sowie an der La Sapienza – Università di Roma. Beschäftigungen bei PR-Agenturen in Wien und Niederösterreich und an der Fachhochschule Burgenland. Seit 2015 in der Energie Burgenland tätig.

Walter Schneeberger, Mag., geb. 1960, verheiratet, zwei Kinder, lebt in Schattendorf. Studium der Betriebswirtschaft, Publizistik und Politikwissenschaften in Wien, (Medien-)Managementlehrgänge in Graz, Hamburg und Boulder/USA. Nach journalistischen Tätigkeiten bei diversen Tageszeitungen und als Medienberater bei OGM seit 1991 Redakteur und Moderator im ORF Burgenland – ab 1999 Programmchef, seit 2001 Chefredakteur. Lektor an der FH Burgenland, Autor und Herausgeber von „Handbuch für Kleinmedien" sowie von „Mein Burgenland".

Patricia Spieß, Mag., geb. 1968. Berichtet als ORF-Redakteurin im Landesstudio Burgenland in Radio und Fernsehen über Politik und Prozesse. Abgeschlossenes Studium der Rechtswissenschaften. Lebt in Mattersburg.

Markus Stefanitsch, MSc., geb. 1974 in Eisenstadt, aufgewachsen und wohnhaft in Mattersburg. Besuch der Handelsakademie Mattersburg. Studium „Kommunikation und Management“ an der Donau Universität Krems. Sportreporter der „Kronen Zeitung“, Gerichtsreporter der „NÖN“, Leiter der Regionalredaktionen der „NÖN“ in Mattersburg, Wiener Neustadt und Oberwart. Seit 2003 in leitenden Positionen der Wochenzeitung „BVZ“, zuletzt als Chefredakteur.

Christian Uchann, Mag., geb. 1960. Einstieg in den Journalismus Anfang der 1980er Jahre als freier Redakteur bei der „Arbeiter Zeitung“. Studium der Soziologie und der Politikwissenschaft an der Universität Wien. Nach zweijähriger Tätigkeit als freiberuflicher Wissenschaftler mit dem Schwerpunkt Migration endgültiger Wechsel in den Journalismus („Täglich Alles“, „Die ganze Woche“). Seit 2000 Chefredakteur der „Bezirksblätter Burgenland“.

Wolfgang Weisgram, Dr. phil., geb. 1957, wohnhaft in Marz. Verschiedene journalistische Tätigkeiten im In- und Ausland. Essayist, Schriftsteller, Buchautor. Seit 1988 Journalist bei „Der Standard“.

Hans Wetzelsdorfer, geb. 1952, lebt und arbeitet als freischaffender Fotograf und Künstler (Fotografie-Lichtobjekte-Installation) in Neufeld/Leitha. Fortbildungen an der Universität für angewandte Kunst Wien (Gast-Hörer). Mitglied der IG Bildende Kunst und Bildrecht. Zahlreiche Ausstellungen im In- und Ausland. Preisträger und Gewinner von Kunst- und Kulturwettbewerben. (Mit-)Autor mehrerer Bücher, Konzeptionist und Leiter der „Temporären Galerie“ (Eisenstadt). Verschiedene grenzüberschreitende Projekte, seit 2001 Mitglied des „eu-art-network“. Porträtist für die Burgenlandstiftung – Theodor Kery.

Die Burgenlandstiftung – Theodor Kery hat sich die Förderung der Wissenschaft, Forschung und Kunst durch die Erteilung von Forschungsaufträgen sowie die Vergabe von Beiträgen für wissenschaftliche, künstlerische, literarische und publizistische Arbeiten zum Ziel gesetzt. Das jährliche Fördervolumen setzt sich aus Erträgen, Spenden und anderen Unterstützungsleistungen zusammen. Das Stiftungsvolumen wird von der Stiftungsbehörde und einem Stiftungskontrollgremium streng geprüft.